Mantenimiento y mejora de las actividades diarias de personas dependientes en instituciones

Virginia Moreno García

ic editorial

Mantenimiento y mejora de las actividades diarias de personas dependientes en instituciones
© Virginia Moreno García

1ª Edición

© IC Editorial, 2024

Editado por: IC Editorial
c/ Cueva de Viera, 2, Local 3
Centro Negocios CADI
29200 Antequera (Málaga)
Teléfono: 952 70 60 04
Fax: 952 84 55 03
Correo electrónico: iceditorial@iceditorial.com
Internet: www.iceditorial.com

ISBN: 978-84-1184-293-8
Depósito Legal: MA 1583-2024

Impresión: PODiPrint
Impreso en Andalucía – España

Nota de la editorial: IC Editorial pertenece a Innovación y Cualificación S. L.

Presentación del manual

El **Certificado de Profesionalidad** es el instrumento de acreditación, en el ámbito de la Administración laboral, de las cualificaciones profesionales del Catálogo Nacional de Cualificaciones Profesionales adquiridas a través de procesos formativos o del proceso de reconocimiento de la experiencia laboral y de vías no formales de formación.

El elemento mínimo acreditable es la **Unidad de Competencia.** La suma de las acreditaciones de las unidades de competencia conforma la acreditación de la competencia general.

Una **Unidad de Competencia** se define como una agrupación de tareas productivas específica que realiza el profesional. Las diferentes unidades de competencia de un certificado de profesionalidad conforman la **Competencia General,** definiendo el conjunto de conocimientos y capacidades que permiten el ejercicio de una actividad profesional determinada.

Cada **Unidad de Competencia** lleva asociado un **Módulo Formativo,** donde se describe la formación necesaria para adquirir esa **Unidad de Competencia,** pudiendo dividirse en **Unidades Formativas.**

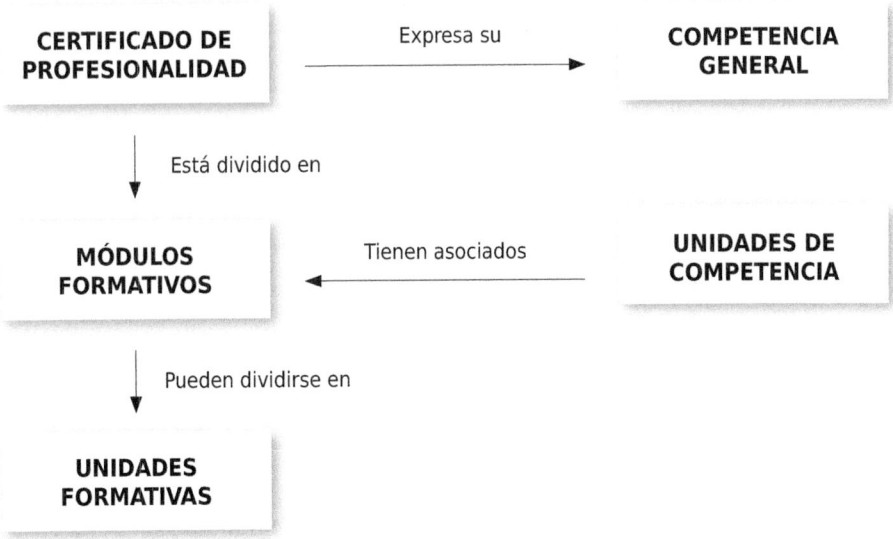

El presente manual desarrolla la Unidad Formativa **UF0130: Mantenimiento y mejora de las actividades diarias de personas dependientes en instituciones,**

perteneciente al Módulo Formativo **MF1019_2: Apoyo psicosocial, atención relacional y comunicativa en instituciones,**

asociado a la unidad de competencia **UC1019_2: Desarrollar intervenciones de atención psicosocial dirigidas a personas dependientes en el ámbito institucional,**

del Certificado de Profesionalidad **Atención sociosanitaria a personas dependientes en instituciones sociales.**

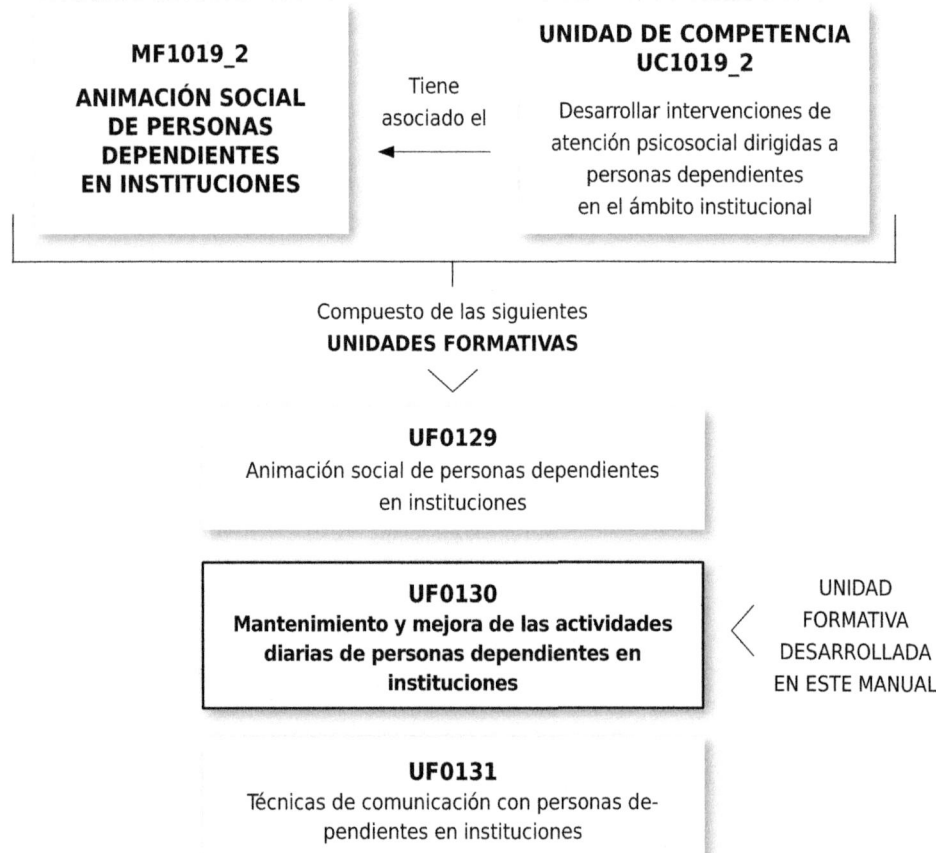

FICHA DE CERTIFICADO DE PROFESIONALIDAD

(SSCS0208) ATENCIÓN SOCIOSANITARIA A PERSONAS DEPENDIENTES EN INSTITUCIONES SOCIALES (Real Decreto 1379/2008, de 1 de agosto, modificado por el Real Decreto 721/2011, de 20 de mayo, modificado por el Real Decreto 625/2013, de 2 de agosto)

COMPETENCIA GENERAL: Atender a personas dependientes en el ámbito sociosanitario en la institución donde se desarrolle su actuación, aplicando las estrategias diseñadas por el equipo interdisciplinar competente y los procedimientos para mantener y mejorar su autonomía personal y sus relaciones con el entorno.

Cualificación profesional de referencia	Unidades de competencia		Ocupaciones o puestos de trabajo relacionados
SSC320_2 ATENCIÓN SOCIOSANITARIA A PERSONAS DEPENDIENTES EN INSTITUCIONES (R. D. 1368/07 de 19 de octubre de 2007)	UC1016_2	Preparar y apoyar las intervenciones de atención a las personas y a su entorno en el ámbito institucional indicadas por el equipo interdisciplinar.	• 5129.003.0 Cuidador de minusválidos físicos, psíquicos ysensoriales. • Cuidador de personas dependientes en instituciones. • Gerocultor.
	UC1017_2	Desarrollar intervenciones de atención física dirigidas a personas dependientes en el ámbito institucional.	
	UC1018_2	Desarrollar intervenciones de atención sociosanitaria dirigidas a personas dependientes en el ámbito institucional.	
	UC1019_2	Desarrollar intervenciones de atención psicosocial dirigidas a personas dependientes en el ámbito institucional.	

[III]

Correspondencia con el Catálogo Modular de Formación Profesional

Módulos certificado	Unidades formativas	Horas
MF1016_2: Apoyo en la organización de intervenciones en el ámbito institucional	UF0127: Apoyo en la recepción y acogida en instituciones de personas dependientes.	30
	UF0128: Apoyo en la organización de actividades para personas dependientes en instituciones.	70
MF1017_2: Intervención en la atención higiénico-alimentaria en instituciones		70
MF1018_2: Intervención en la atención sociosanitaria en instituciones		70
MF1019_2: Apoyo psicosocial, atención relacional y comunicativa en instituciones	UF0129: Animación social de personas dependientes en instituciones.	30
	UF0130: Mantenimiento y mejora de las actividades diarias de personas dependientes en instituciones.	50
	UF0131: Técnicas de comunicación con personas dependientes en instituciones.	50
MP0029: Módulo de prácticas profesionales no laborales		80

Índice

OBJETIVOS GENERALES

El Objetivo General del **MF1019_2: Apoyo psicosocial, atención relacio-nal y comunicativa en instituciones,** en el que queda integrada la **UF0130: Mantenimiento y mejora de las actividades diarias de personas depen-dientes en instituciones,** es:

➲ Desarrollar intervenciones de atención psicosocial dirigidas a personas dependientes en el ámbito institucional.

El Objetivo General de la **UF0130: Mantenimiento y mejora de las activi-dades diarias de personas dependientes en instituciones** es:

➲ Ayudar al usuario en la realización de las actividades y ejercicios de man-tenimiento y entrenamiento psicológico, rehabilitador y ocupacional, si-guiendo las orientaciones de los profesionales competentes.

Mantenimiento y entrenamiento de las funciones cognitivas en situaciones cotidianas de la institución

Contenido

Objetivos

Los objetivos generales de esta Unidad de Aprendizaje son:

→ Mantener las funciones cognitivas de personas dependientes en instituciones sociales.

→ Entrenar las funciones cognitivas de personas dependientes en situaciones cotidianas de la institución.

1. Introducción

A lo largo de esta unidad nos centraremos en las diferentes técnicas que suelen utilizarse para el entrenamiento de las funciones cognitivas, como son la memoria, la atención, la orientación espacial, temporal y personal, y el razonamiento.

El objetivo es potenciar y optimizar estas funciones cognitivas, aprendiendo y desarrollando estrategias adecuadas para su mantenimiento, según su deterioro se deba a la vejez o bien a otras causas como enfermedades.

Los profesionales deben abordar la intervención desde una óptica interdisciplinar, teniendo en cuenta todos los elementos que confluyen en la vida de una persona. En definitiva, se debe caminar hacia una visión compleja de la realidad en las intervenciones, estas deben realizarse simultáneamente desde y sobre todas las áreas implicadas.

Para el desarrollo del contenido, tomaremos como referencia la actividad del Grupo ATENCIONA, una compañía que engloba servicios de organización, gestión, atención y cuidados especializados en centros sociosanitarios para personas en situación de dependencia.

2. Técnicas para el entrenamiento de la memoria

☞ **HILO CONDUCTOR**

Mohamed, de 69 años, lleva 2 años en una residencia, gestionada por Grupo ATENCIONA. Hace 3 meses los profesionales detectaron que Mohamed sufre pequeños olvidos, aunque estos son cada vez más frecuentes. Además, últimamente, en las actividades en las que participa se encuentra distraído y a veces no recuerda bien lo que tiene que hacer...

Por este motivo, han decidido intervenir, mediante la aplicación de técnicas para el entrenamiento de la memoria.

En este apartado nos centraremos en las técnicas que suelen utilizarse en la institución para el entrenamiento de la memoria, con el objetivo de potenciarla y optimizarla, así como, en los casos en los que exista trastorno, aprender y desarrollar estrategias que compensen sus efectos.

Es importante saber que no solo pueden aparecer problemas de memoria en la vejez, sino que también hay otros muchos motivos que pueden causarlos, como son la depresión, otras enfermedades, demencia, los efectos secundarios de las drogas, un derrame cerebral, una lesión en la cabeza y el alcoholismo.

Comenzaremos explicando el concepto de memoria, así como su clasificación, para, posteriormente, profundizar en los problemas que pueden aparecer en la memoria, según se deba a la vejez o bien a otras causas, y cómo tratarlos con las técnicas más adecuadas.

2.1. Memoria

La memoria es el proceso por medio del cual la información se codifica, se almacena y se recupera posteriormente.

Codificación
- La información entra a través de los sentidos y se filtra mediante los procesos de atención y percepción, dejando pasar solo la información significativa e ignorando el resto.

Almacenamiento
- La información que entra en el cerebro se almacena para poder recuperarla cuando sea necesario.

Recuperación
- Consiste en la extracción de la información almacenada.

La memoria juega un papel importante en el proceso de aprendizaje. La retención de información, y su posterior recuperación, nos permiten generar conocimientos y adquirir conductas y prácticas.

Las funciones cognitivas actúan de manera interrelacionada entre ellas. Es decir, la memoria tiene lugar gracias a que la atención, el lenguaje o la percepción funcionan de manera correcta. Debido a esto, si alguna de estas funciones se ve alterada, va a influir directamente en el desempeño del resto.

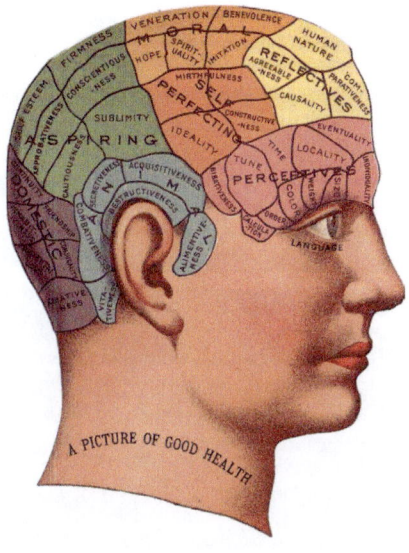

Cada tipo de información se percibe y almacena en una parte del cerebro.

Clasificación

La **memoria pasa por tres fases** según se almacene el recuerdo, así se recuerde o no. A continuación, puedes observar el **esquema del funcionamiento de la memoria,** en el que se describe cada una de estas fases:

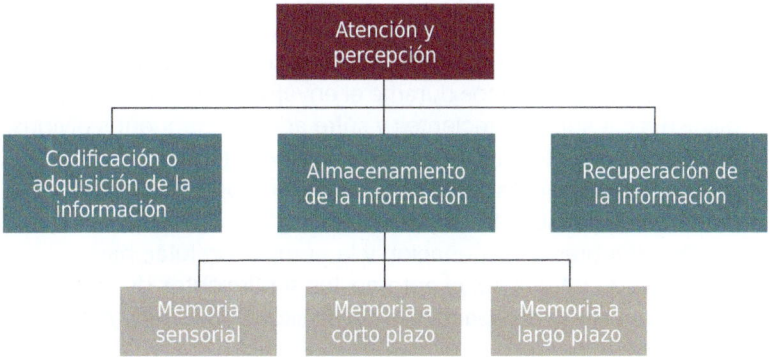

Memoria sensorial
- La información se retiene de manera muy breve. Este tipo de memoria es automática y espontánea, es decir, no tenemos control voluntario sobre ella. La memoria sensorial puede ser icónica (estímulos visuales), háptica (estímulos táctiles) y ecoica (estímulos sonoros).

Memoria a corto plazo
- La capacidad de almacenamiento es más limitada pero podemos retenerla durante más tiempo. Por ejemplo, la utilizamos cuando queremos retener un número de teléfono.
- Parte de la información a corto plazo pasa al siguiente nivel (memoria a largo plazo) y el resto se desecha.

Memoria a largo plazo
- Permite almacenar y grabar recuerdos para toda la vida. Se divide en dos sistemas:
  - Memoria declarativa: corresponde a la información que vamos reteniendo a lo largo de nuestra vida. Se divide en:
    - Memoria semántica
    - Memoria episódica
  - Memoria procedimental

¿Qué ocurre con la memoria cuando nos vamos acercando a la vejez?

La mala memoria se considera un signo de envejecimiento. El hombre que siempre recordaba sus actividades diarias ahora tiene que reflejarlas en una agenda; o la mujer que toma varios medicamentos, ahora los clasifica por colores y los pone en un lugar totalmente visible. Sin embargo, al igual que otras habilidades cognitivas, el funcionamiento de la memoria de las personas mayores varía mucho.

La pérdida de **memoria reciente** parece ser el signo general característico de los cambios psíquicos durante el envejecimiento. A la persona le resulta difícil evocar sucesos recientes y sufre además pequeños olvidos. Diferentes factores se interrelacionan además con esta pérdida de memoria, aunque no se conocen las causas exactas ni tampoco el alcance de esta interacción, abarcan desde los cambios neurológicos y circulatorios que afectan la función cerebral, la oxigenación y la nutrición celular, hasta la motivación, la pérdida de interés por el entorno, los sentimientos de impotencia, los estados depresivos, el desacuerdo con la situación de vida actual, vivencia de duelos, etc.

Estos cambios cognitivos se consideran dentro de la normalidad del propio envejecimiento, siempre y cuando sean olvidos leves que no afecten a la realización de las actividades cotidianas. Si la persona presenta dificultades más notorias en su día a día debido a estos problemas de memoria, estaríamos hablando de un deterioro cognitivo más grave, como por ejemplo el asociado a las demencias.

La pérdida de interés por el entorno y el aislamiento es una de las consecuencias de la pérdida de memoria reciente.

 **NOTA**

Las personas ancianas tienen dificultad para retener informaciones poco significativas, especialmente si deben esforzarse mucho o si en el momento de recibir esa información tienen su foco de atención en alguna otra actividad. También expresan tener problemas en la organización secuencial de la información recién llegada, así como en la capacidad para sintetizar.

La memoria a largo plazo, o memoria remota, parece estar bien conservada, los ancianos recuerdan situaciones y hechos antiguos. Son capaces de evocar con detalle hechos que tuvieron lugar en otra época, época por otro lado seguramente significativa en su historia de vida.

SABÍAS QUE...

La memoria remota permite recordar y conservar el vocabulario, las experiencias, los recuerdos y mucha más información útil sobre el mundo que les rodea y sobre sí mismos.

Todas estas características que se han descrito no han de ocurrir, en caso de que se hable de una persona mayor que siempre haya trabajado sus capacidades cognitivas y que no sufre de ningún tipo de degeneración neuropsicológica.

NOTA

Es frecuente la pérdida de memoria, sobrevenida de forma paulatina. Al principio casi irrelevante, pero que a la larga puede afectar a la propia salud, como pasar por alto la toma de su medicación, o bien afectar a sus relaciones sociales, como olvidar una cita.

ACTIVIDAD COMPLEMENTARIA

1. Indica qué puede hacer una persona de 60 años que está empezando a sufrir leves pérdidas de memoria para recordar las cosas importantes.

Muchos otros motivos, aparte de la vejez, pueden causar problemas de memoria. Estos incluyen la depresión, otras enfermedades, demencia (problemas serios con la memoria y el razonamiento, como la enfermedad de Alzheimer), los efectos secundarios de las drogas, un derrame cerebral, una lesión en la cabeza y el alcoholismo.

ACTIVIDAD COMPLEMENTARIA

2. Reflexiona sobre los problemas de memoria debidos a la vejez y los problemas de memoria en las demencias, extrayendo tus conclusiones al respecto y señalando al menos una diferencia significativa entre ambos.

2.2. Técnicas

El ejercicio de la memoria se considera importante, tanto para las personas que presentan alguna alteración como para las que no la presentan.

La memoria puede verse influenciada por múltiples factores (emocionales, educacionales, contextuales, etc.), pero es posible entrenarla, potenciarla y optimizarla, así como en los casos en los que existe trastorno, aprender y desarrollar estrategias que compensen sus efectos.

Objetivos que se pretenden con la aplicación de técnicas

Veamos los objetivos que se pretenden con la aplicación de estas técnicas:

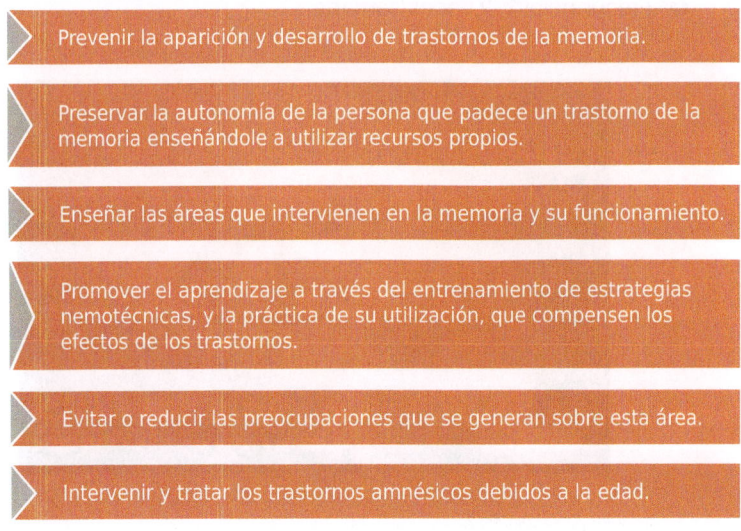

Prevenir la aparición y desarrollo de trastornos de la memoria.

Preservar la autonomía de la persona que padece un trastorno de la memoria enseñándole a utilizar recursos propios.

Enseñar las áreas que intervienen en la memoria y su funcionamiento.

Promover el aprendizaje a través del entrenamiento de estrategias nemotécnicas, y la práctica de su utilización, que compensen los efectos de los trastornos.

Evitar o reducir las preocupaciones que se generan sobre esta área.

Intervenir y tratar los trastornos amnésicos debidos a la edad.

Metodología

A continuación, se explica la **metodología** que se puede utilizar:

- ⇨ Se entrenarán las funciones intelectuales que conforman el proceso de la memoria a través de ejercicios.
- ⇨ Se crearán grupos de entre 8-10 participantes combinando dinámicas grupales con tareas individuales.

Se establecerán sesiones con una estructura fija que incluyan aspectos metodológicos como:

- ⇨ Presentación al grupo de las técnicas y procesos que se van a trabajar ese día.
- ⇨ Explicación de la tarea con ejemplos para ofrecer un modelo.
- ⇨ Ejecución: facilitación y reforzamiento de la actitud positiva y los logros.
- ⇨ Puesta en común y generalización, es decir, relacionar lo aprendido con su utilidad en la vida diaria para promover la aplicación práctica del método.
- ⇨ Es interesante, en este sentido, sugerir «tareas para casa» que posibiliten la práctica entre sesiones.
- ⇨ Un programa estándar de mejora de la memoria podría ser organizado según las siguientes directrices:

  - ↻ N.° de horas totales: 15-20.
  - ↻ N.° de sesiones: 8-10.
  - ↻ Duración sesión: 90-120 minutos.
  - ↻ Frecuencia: 1-2 veces/semana.

Los ejercicios memorísticos grupales además afianzan las relaciones entre los participantes.

Las intervenciones cognitivas se deberán adaptar a las características y capacidades de los usuarios. En el caso de aquellos que presenten una demencia, se debe tener en cuenta que la enfermedad asociada a esta demencia, como por ejemplo el Alzheimer, evoluciona por fases y que según avanza, aumenta el deterioro cognitivo. Algunos planteamientos generales en los que podemos basar la estimulación cognitiva en estos pacientes según las fases de evolución son:

- **Fase leve:** en esta fase, la persona todavía conserva gran parte de sus capacidades cognitivas, por lo que el objetivo principal es estimularlas para intentar retardar el deterioro y prolongar la autonomía todo lo posible.
- **Fase moderada:** el deterioro cognitivo es más evidente, dependiendo de la enfermedad se manifestarán más unos síntomas que otros, pero por lo general presentarán dificultades en la memoria reciente, en la comunicación, en procesos más complejos como el razonamiento u otras funciones ejecutivas. La estimulación en esta fase ha de ser más sencilla que en la anterior, adaptada a la capacidades del momento, centrada en la memoria, la atención y el lenguaje, pero sin dejar de trabajar de manera global el resto de funciones cognitivas.
- **Fase avanzada:** las funciones cognitivas en esta fase se encuentran muy deterioradas, incluso la capacidad para responder a estímulos del entorno se convierte en un reto. El trabajo cognitivo en esta fase va a estar más acotado, se centrará en la estimulación sensorial para trabajar la atención y funciones más básicas, pudiéndose utilizar objetos cotidianos para fomentar la orientación y vincular a las actividades de la vida diaria.

Técnicas y actividades para el entrenamiento de la memoria

A continuación, aparecen algunos ejemplos de **técnicas y actividades** para el entrenamiento de la memoria:

Estimulación sensorial
- Presentar fotografías de personas, objetos familiares, etc., tras observarlos y describirlos se deben recordar las características.
- Recitar un texto y hacer repetir determinadas palabras.
- Respirar olores y perfumes y tratar de evocar aromas conocidos, hechos y lugares.
- Ocultar objetos en una bolsa e intentar descubrirlos por el tacto.

Continúa en página siguiente >>

<< *Viene de página anterior*

Atención voluntaria
- Enunciar un texto y pedir que recuerden determinadas cifras y/o palabras.
- Recordar nombres propios.
- Sopa de letras, figuras incompletas, unir puntos, buscar las diferencias entre figuras.
- Buscar uno o dos números determinados en una matriz con muchas cifras.
- Buscar una letra y/o grupos de letras en un texto.

Estructuración
- Clasificar diferentes objetos, palabras en función de un criterio escogido o características comunes.
- Presentación de objetos y descripción de criterios como color, forma, uso y material.
- Ordenar palabras, frases, letras, dibujos, etc.

Técnicas asociativas
- Presentar palabras sueltas y pedir que las unan en un mismo relato.
- Presentar palabras gancho y pedir que evoquen otras que estén relacionadas.
- Presentar una palabra abstracta y pedir que evoquen un objeto que les sugiera.

Repetición del lenguaje
- Reconstruir palabras con las letras en desorden.
- Evocar palabras de 3, 4, o 5 letras.
- Crucigramas sencillos.

Referencias especiales
- Situar objetos a lo largo de la sala y pedir que los encuentren o los recuerden.
- Ante un puzle al que le falta una pieza, encontrar entre varias la que le corresponde.

Continúa en página siguiente >>

<< Viene de página anterior

Referencias temporales
- Enunciar un texto con fechas y datos, seguidamente hacer preguntas sobre ellos.
- Evocar un recorrido de los lugares por los que pasa a lo largo del día.
- Identificar actividades con la hora y el lugar donde se realizan.

Integración
- Aportar la primera letra o sílaba de una palabra y pedir que digan o escriban otras que empiecen igual.
- Recordar listas de elementos formando palabras con sus iniciales.

A continuación, se describen otras técnicas para la mejora de la memoria.

Categorización

Ayuda a organizar la información agrupándola en base a sus características comunes. Proporcionando uno de los miembros o el nombre de la categoría los demás se recuerdan con facilidad. Un ejemplo podría ser el siguiente:

Anota cada palabra de esta lista en la casilla que le corresponda:
perro - alicates - falda - martillo - elefante - pantalón - filete - tenazas - lagarto - garbanzos - león - arroz - destornillador - abrigo - macarrones

Animales	Ropa	Herramientas	Alimentos

Cadena

Se unen objetos por características semánticas, acústicas y proximidad de tal manera que el recuerdo de uno evoque el siguiente.

La asociación de ideas en cadena es un buen hábito para la vida diaria de aquellos usuarios que comiencen a tener pérdidas de memoria.

Los lugares (Loci)

Asociar la lista que se desea recordar a los espacios de una ruta conocida (como puede ser las dependencias de la institución) en orden secuencial, de tal forma que al recorrer la ruta física o mentalmente se evoquen los contenidos.

Agrupamiento

Se refiere a la información numérica, y se trata de agrupar varios dígitos.

 **EJEMPLO**

Para recordar un número de teléfono: 987200432 = 987 200 432 o 987 2004 32

- -

Palabras gancho

Se parte de unos objetos asociados a los números y la información para ser recordada se asocia mentalmente con estos objetos.

 **EJEMPLO**

Primero se memoriza asociando y visualizando los objetos unidos a los números. Los objetos escogidos deben tener alguna relación con los números, por ejemplo: uno-tuno, dos-adiós, tres-ciempiés, cuatro-gato, cinco-brinco, seis-beis, siete-cachete, ocho-corcho, nueve-nieve, etc. Estas palabras son las palabras gancho en las que colgamos los elementos u objetos que tenemos que recordar. Se realiza una asociación visual entre la palabra gancho y el elemento u objeto a recordar.

Por ejemplo, la lista de palabras a recordar podría ser balón, valenciano, etc. Por tanto, el elemento balón se asociaría al número uno que es tuno, con lo que podríamos imaginar a un tuno jugando con un balón; el elemento valenciano se asociaría al número dos que es adiós, con lo que podríamos imaginar un valenciano diciendo adiós; y así sucesivamente.

Para recordar la información bastaría con recordar los números y las palabras gancho, y seguidamente nos aparecerán los objetos con los que les habíamos asociado. Las palabras gancho sirven de ayuda y los números ayudan a no perder el orden de los elementos que tenemos que recordar.

- -

 **VÍDEO**

Observa en el siguiente vídeo cómo ejercitar la memoria de los pacientes mediante una serie de ejercicios:

https://redirectoronline.com/uf01300101

- -

3. Técnicas para el entrenamiento de la atención

☞ **HILO CONDUCTOR**

Mohamed no solo presenta pérdidas de memoria, sino también problemas para mantener la atención, ya que como se comentó anteriormente, Mohamed también se encuentra distraído en las actividades en las que participa, parece que le cuesta atender a las explicaciones, o seguir las conversaciones...

Debido a ello, también deberá entrenar la atención, mediante la aplicación de las técnicas que los profesionales vean más convenientes para él.

En este apartado nos centraremos en las técnicas que suelen utilizarse en la institución para el entrenamiento de la atención, con el objetivo de compensar sus efectos.

Tal y como ocurre con la memoria, no solo pueden aparecer problemas de atención en la vejez, sino que también hay otros muchos motivos que pueden causarlos, como son la depresión, otras enfermedades, demencia, una lesión en la cabeza, el mismo trastorno de déficit de atención, entre otros.

Comenzaremos el tema explicando el concepto de atención, para, posteriormente, profundizar en los problemas que pueden aparecer en ella, según se deba a la vejez o bien a otras causas, y cómo tratarlos con las técnicas más adecuadas.

3.1. Definición de atención

Podríamos definir la atención como el **proceso cognoscitivo por el cual el individuo se concentra selectivamente en un objeto o actividad,** ignorando deliberadamente el entorno restante. Por ejemplo, escuchar la conversación de una persona mientras se ignora otras conversaciones o sonidos en el entorno. La atención también puede estar repartida entre varias actividades, como sucede al manejar un automóvil.

La atención es una de las materias más estudiadas por la Psicología y las Neurociencias. Es uno de los procesos cognoscitivos relacionados con la mente humana (toma de decisiones, memoria, emoción, etc.). Para la Psicología, la atención es una cualidad de la percepción que funciona como una especie de filtro de los estímulos ambientales, evaluando cuáles son los más relevantes y dotándolos de prioridad para un procesamiento más profundo.

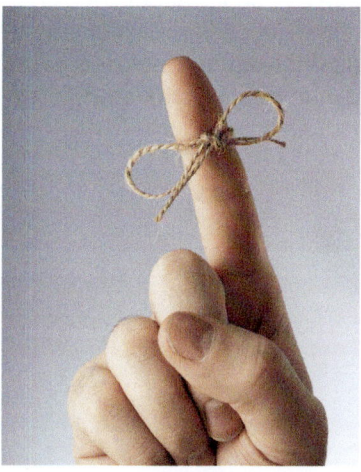

La atención es también un componente clave para la retención memorística.

Solemos prestar atención a aquello que nos interesa, ya sea por las propias características del estímulo (tamaño, color, forma, movimiento, etc.) o por nuestras propias motivaciones.

 **NOTA**

La atención sufre oscilaciones normales debidas a fatiga, estrés, emociones diversas y también por trastornos de la conciencia, la afectividad, la psicomotricidad, daño cerebral, etc.

¿Qué ocurre con la atención cuando nos vamos acercando a la vejez?

En los adultos mayores la atención, sobre todo si debe ser mantenida voluntariamente, disminuye. El comportamiento de la atención sufre cambios con la edad que se manifiestan en un declive en la tasa de exactitud en la detección de señales, que podría interpretarse como una disminución progresiva en el grado de vigilancia, manifestada en tareas que requieran atención mantenida.

Un dato importante es que las alteraciones que puedan presentarse en la atención del adulto mayor están íntimamente relacionadas con la motivación que despierte la tarea que se esté realizando y con las alteraciones perceptivas que pudieran estar relacionadas con la edad, de tal manera que:

> En condiciones ambientales desfavorables la atención mantenida podría debilitarse.

> En ambientes estimulantes y tareas de interés podría lograrse una optimización de la atención.

El interés en la tarea y un ambiente agradable y estimulante favorece el aprendizaje y la atención.

Otros casos

Muchos otros motivos, aparte de la vejez, pueden causar problemas de la atención, como puede ser la depresión, otras enfermedades, demencia, una lesión en la cabeza, el mismo trastorno de déficit de atención, entre otros.

En los procesos demenciales la atención no le permite al paciente guardar la información, por lo tanto, la atención comienza a deteriorarse junto con la memoria reciente, y en la medida en que la enfermedad avanza, se vuelve más distraído y con mayor dificultad para mantener la atención en las actividades que realiza. La capacidad para seleccionar los estímulos adecuados para la realización de cada tarea se va alterando progresivamente.

NOTA

La Organización Mundial de la Salud (1992) señala que los déficits de atención se ponen de manifiesto cuando los chicos cambian frecuentemente de una actividad a otra dando la impresión de que pierden la atención en una tarea porque pasan a entretenerse en otra.

DSM-V

Según el DSM-V las personas con déficit de atención o desatención presentan unas características propias.

Las personas con déficit de atención, según el DSM-V, pueden presentar las características que se muestran a continuación:

> No prestar suficiente atención a los detalles, por lo que se incurre en errores en tareas escolares o laborales.

> Presentar dificultades en mantener la atención en tareas y actividades lúdicas.

> Dar la impresión de no escuchar cuando se le habla directamente.

> No seguir instrucciones y no finalizar tareas y obligaciones.

> Presentar dificultades en organizar tareas y actividades.

Continúa en página siguiente >>

<< Viene de página anterior

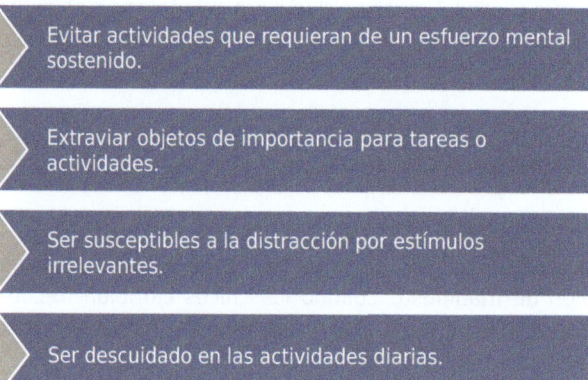

Evitar actividades que requieran de un esfuerzo mental sostenido.

Extraviar objetos de importancia para tareas o actividades.

Ser susceptibles a la distracción por estímulos irrelevantes.

Ser descuidado en las actividades diarias.

NOTA

El DSM-V es el Manual diagnóstico y estadístico de los trastornos mentales, en el cual se realiza una clasificación y descripción de los trastornos mentales.

3.2. Técnicas

Para el entrenamiento de la atención de los residentes se deben utilizar ejercicios en los que haya que prestar atención como en la técnica la atención voluntaria, por lo que se requiere de cierta voluntad y esfuerzo por parte de la persona dependiente.

RECUERDA

La atención voluntaria es aquella técnica que, para lograr la atención mantenida, cuenta con las siguientes actividades:

• Enunciar un texto y pedir que recuerden determinadas cifras y/o palabras.

Continúa en página siguiente >>

<< Viene de página anterior

- Recordar nombres propios.
- Sopa de letras, figuras incompletas, unir puntos, buscar las diferencias entre figuras.
- Buscar uno o dos números determinados en una matriz con muchas cifras.
- Buscar una letra y/o grupos de letras en un texto.

El profesional que se ocupe del entrenamiento de la atención de los dependientes debe tener en cuenta que cada persona tendrá una **capacidad** de atención diferente, tanto por sus características personales como por aquellas derivadas de su dependencia, por lo que los ejercicios deberán ir adaptados a las capacidades de cada uno.

Veamos ejemplos de actividades para trabajar distintos tipos de percepciones:

Visuales
- Captar semejanzas y diferencias entre formas geométricas: tamaño, color, forma y entre figuras/objetos familiares.
- Comparar pares de dibujos similares, buscando una o varias diferencias entre ambos.
- Captar partes que faltan en dibujos de objetos familiares.
- Captar figuras conocidas camufladas entre líneas trazadas alrededor (siluetas pintadas o solo contornos, según el grado de dificultad).
- Describir el aspecto (rasgos, ropas, adornos) de los demás miembros del grupo.
- Localizar visualmente objetos nombrados y presentes en la sala o en un dibujo.

Auditivas
- Captar y repetir secuencias rítmicas de golpes.
- Escuchar grabaciones de sonidos familiares e identificarlos.
- Identificar:
    - Compañeros del grupo por el tono de voz.
    - Ruidos.
    - Música relajante.

Continúa en página siguiente >>

<< Viene de página anterior

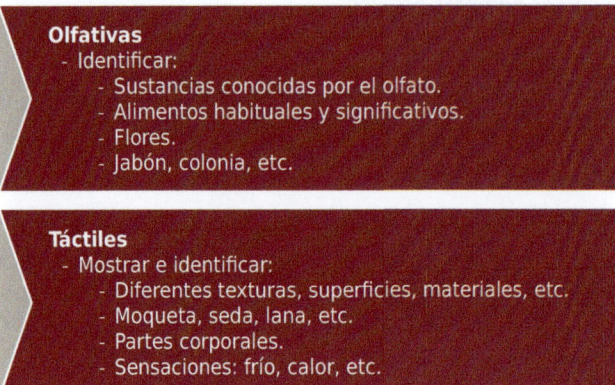

Olfativas
- Identificar:
  - Sustancias conocidas por el olfato.
  - Alimentos habituales y significativos.
  - Flores.
  - Jabón, colonia, etc.

Táctiles
- Mostrar e identificar:
  - Diferentes texturas, superficies, materiales, etc.
  - Moqueta, seda, lana, etc.
  - Partes corporales.
  - Sensaciones: frío, calor, etc.

 **VÍDEO**

Observa el siguiente vídeo para ver cómo se realiza una actividad en la que se trabaja la percepción visual del usuario.

https://redirectoronline.com/uf01300102

4. Técnicas para el entrenamiento de la orientación espacial, temporal y personal

☞ HILO CONDUCTOR

Marina, que vive en la misma residencia que Mohamed, ingresó allí a raíz de la aparición de una demencia, y aunque se trata de una demencia leve, los problemas de memoria son constantes, y van acompañados de desorientación.

Por lo tanto, en su caso, no solo se entrenará la memoria, sino que los profesionales también aplicarán técnicas para el entrenamiento de la orientación.

En este apartado nos centraremos en las técnicas que suelen utilizarse en la institución para el entrenamiento de la orientación, con el objetivo de compensar sus efectos. Para ello, ofreceremos, en primer lugar, una definición de orientación, tanto espacial, como temporal y personal, explicando, a continuación, cuándo se produce el deterioro de la misma.

Se entiende por orientación en espacio, tiempo y persona como el conocimiento que el sujeto tiene del entorno espacial y temporal en el cual se desenvuelve. De forma general los tipos de orientación se pueden definir como:

La orientación espacial	La orientación temporal	La orientación personal
- Se refiere a la ubicación del cuerpo en relación con las otras personas, objetos que nos rodean, ambiente próximo y espacio de nuestro entorno.	- Es la orientación en el tiempo, hora, día, semana, mes.	- Se refiere al conocimiento de uno mismo y de las personas que le rodean, es decir, la edad que tiene, el nombre de sus familiares, los nietos que tiene, etc.

4.1. ¿Cuándo se produce deterioro de la orientación?

Nos encontramos con trastornos de la orientación ante personas que sufren pérdida de memoria y trastornos confusionales pero, sobre todo, es especialmente frecuente en aquellas personas que padecen algún tipo de demencia.

En las demencias leves una de las características típicas es la desorientación temporal en la fecha, el mes e incluso en el día de la semana, conservando la orientación en el año; en fases moderadas y más graves de las demencias, la desorientación temporal es completa.

También se observa desorientación espacial en el lugar en el que se encuentran. Algunos aspectos de la desorientación en el tiempo y en el espacio inmediato se encuentran relacionados con la pérdida de la memoria reciente.

Respecto a la persona, los aspectos que más se pierden en las fases leves son aquellos referentes a su edad, siendo la fecha del año de nacimiento y el nombre de sus familiares más resistentes al deterioro en las primeras fases.

 **EJEMPLO**

Para saber en qué estado de deterioro, respecto a la orientación se encuentra Marina y teniendo en cuenta que presenta una demencia leve, se podría plantear la siguiente actividad, aprovechando que su cumpleaños es mañana, día 15 de Abril:

Vamos a plantearle una serie de preguntas para ver hasta qué punto su desorientación es significativa:

- Marina, ¿qué día es hoy?
- ¿En qué mes del año estamos?
- Marina, mañana es 15 de Abril, ¿te dice algo esa fecha?
- ¿Qué se celebra?
- ¿Por qué se celebra?
- ¿Con quién lo celebras?
- ¿Cuántos años tienes?
- ¿Cuántos años cumples?

Continúa en página siguiente >>

<< Viene de página anterior

Este es un ejemplo de preguntas a plantear para indagar en el deterioro cognitivo, en este caso, sobre la desorientación temporal y personal que padece una persona.

4.2. Técnicas

La orientación en la realidad es un método terapéutico que incluye diversas técnicas de rehabilitación cognitiva. Estas se utilizan con personas con pérdida de memoria, desorientación temporal y espacial, y problemas de confusión, que se dan en trastornos cognitivos y demencias. El método consiste en la estimulación y provisión estructurada de información acerca de sí mismos y de su entorno.

Es necesario reorientar a la persona de forma paulatina y estructurada para evitar la aparición de ansiedad o angustia.

Evaluación

En la evaluación del área de orientación pueden utilizarse los siguientes instrumentos: Evaluación de la Orientación en la Realidad (EOR), VIRO *Orientation Scale* (Kastenbaum y Sherwood, 1972).

Debe explorarse también el estado mental, por ejemplo, a través del *Mini Mental State* (Folstein, adaptado por Lobo), y realizar una valoración neuropsicológica utilizando pruebas como el Test de Barcelona y el protocolo del hospital Cruz Roja. Es necesaria, así mismo, la exploración de la capacidad de comunicación a través del Holden, por ejemplo, y la capacidad funcional, a través del BRS (CAPE) o el Barthel, entre otros.

Estas valoraciones serán realizadas por los profesionales del área competente (psicología, terapia ocupacional, etc.) y los resultados deberán ser puestos en común con el resto del equipo interdisciplinar.

Objetivos generales

Veamos los objetivos generales que se pretenden con la aplicación de estas técnicas:

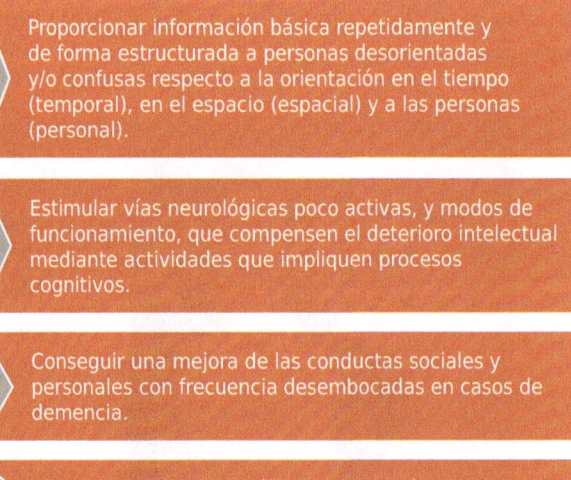

Proporcionar información básica repetidamente y de forma estructurada a personas desorientadas y/o confusas respecto a la orientación en el tiempo (temporal), en el espacio (espacial) y a las personas (personal).

Estimular vías neurológicas poco activas, y modos de funcionamiento, que compensen el deterioro intelectual mediante actividades que impliquen procesos cognitivos.

Conseguir una mejora de las conductas sociales y personales con frecuencia desembocadas en casos de demencia.

Estimular la comunicación y la interacción.

Pautas generales de trabajo

A continuación, se describen unas pautas generales de trabajo:

- ⊃ Debe hacerse lo posible por conseguir un ambiente de confianza, en el que la persona dependiente se sienta a gusto.
- ⊃ El ambiente debe reforzar conductas deseables y limitar los estímulos no deseados.
- ⊃ Que el usuario esté adaptado y en contacto con la realidad presente.
- ⊃ Que posea una adecuada proporción y variedad de estímulos sensoriales.

- Que sea destinatario de los apoyos instrumentales que necesite.
- Se procurará mantener una rutina que estructure la sesión.
- Algunas características de las tareas a desarrollar son:

  - Lúdicas.
  - Variadas en cada sesión.
  - Motivadoras. Siempre plantean una meta u objetivo a lograr, aunque sin demasiada competitividad.
  - De fácil realización. Estimulan el logro y consiguiente reforzamiento, así como la autoestima.
  - No ansiógenas, es decir, que no produzcan ansiedad ni agitación.

Metodología

Y como metodología se pueden seguir las siguientes pautas:

- Para grupos de orientación a la realidad se recomienda el trabajo en grupos de 3 a 8 personas, según el nivel de capacidades cognitivas, comunicacionales, funcionales y sensoriales.
- Las sesiones pueden establecerse con una duración de 30 a 60 minutos en función del nivel grupal (básico 30', estándar y avanzado 45-60').
- Frecuencia diaria para los niveles más bajos, pudiendo ser alterna en los más altos, y siempre a la misma hora para favorecer el establecimiento de rutinas.
- Se recomienda la realización en una sala equipada con pizarra específica de orientación en la realidad, calendario y reloj.
- Las sesiones deben estar dirigidas por un monitor o terapeuta convenientemente preparado.
- El esquema de una sesión grupal de orientación a la realidad podría ser:

  - Saludo y presentación.
  - Identificación personal: ¿quiénes hay? ¿Quiénes faltan? El nombre de cada uno de nosotros.
  - Orientación temporal: día de la semana, fecha, mañana o tarde, y relacionarlo con las actividades propias del momento, si hay alguna festividad cercana.
  - Orientación espacial: dónde nos encontramos, la sala, el centro, el pueblo o ciudad, la calle, etc.
  - Acontecimientos diarios, cotidianos.
  - Ejercicios/tareas de carácter lúdico relativos a funciones cognitivas: como la orientación, atención, retención y estimulación.
  - Orientación espacial: recuerdo.
  - Orientación temporal: recuerdo.
  - Próxima sesión, cierre y despedida.

Información básica en orientación

A continuación, se presentan ejemplos de actividades utilizadas para canalizar el trabajo en orientación:

Orientación temporal
- Calendario
  - Específico de orientación, con los días móviles, en el que se ajusta con un recuadro, el día, mes y año adecuados.
  - Colocación con más o menos ayuda, en cada sesión, por algún miembro del grupo.
- Pizarra
  - Escribir en la pizarra la fecha completa y detalle de los días señalados.
- Hora
  - Prestar atención al reloj de pared, que debe ser grande y con los números claros.
- Juegos
  - Utilización de tarjetas (reparto, localización, emparejamiento de datos sobre la fecha, época del año).
  - A través de un balón se puede realizar la repetición-recuerdo de datos, pasándolo por turnos en el grupo.
- Elementos
  - Objetos característicos de cada época del año o situaciones que sirven de referentes a los que remitirse para destacar momentos/ situaciones/épocas (decoración navideña y de carnaval, ropa de abrigo en invierno, flores en primavera o recortes representando al sol en verano, etc.).
  - Hacer referencia al tiempo y a la estación del año a través de la ventana.

Orientación espacial
- Información verbal
  - Lugar en el que se realiza la sesión, desde la sala, pasando por la planta, residencia, pueblo o ciudad, hasta el país.
  - Recorrer rutas conocidas, trayectos habituales.
  - Recordar la habitación de cada miembro del grupo, describiendo la situación de los muebles, etc.
- Juegos
  - Tarjetas y balón.
  - Bingo con tarjetas con los lugares del centro, repartidas para ir colocándolas en su lugar correspondiente sobre un panel.
- Simplificación del entorno
  - Evitar cambios en el entorno para no fomentar esta desorientación.
  - Entorno sencillo, sin obstáculos y ordenado.
  - Utilizar estímulos que ayuden a orientar (luz, carteles, relojes...) sin excederse en cantidad.
  - Hacer un entorno familiar (fotos familiares, objetos personales conocidos, etc.).

Continúa en página siguiente >>

<< Viene de página anterior

Orientación personal
- Nombres de los miembros del grupo
  - Escribirlos eventualmente en la pizarra; realizar presentaciones; utilización de tarjetas/fotografías para identificación y reparto; juego de balón (recibir al escuchar el propio nombre, enviar a una persona tras escuchar su nombre, enviar a quien se quiera diciendo su nombre), etiquetas adhesivas vistosas y con el nombre visible para promover la identificación (propia y ajena).
- Nombre de familiares próximos
  - Recuerdo y datos sobre estos, en conversación y/o mostrando los nombres en tarjetas, o bien escribiéndolos ellos mismos, mostrando fotografías, participando la familia, etc.
- Nombres del personal del centro o de personas significativas
  - Juegos de asociación de nombres y función de cada persona, ubicación de su despacho o zona de trabajo, mediante conversación, tarjetas, fotografías.

Información sobre temas de actualidad
- Lectura de periódicos.
- Ocasionalmente recordar y comentar sobre sucesos importantes a través de comentarios espontáneos de los miembros del grupo.

5. Técnicas para el entrenamiento del razonamiento

 HILO CONDUCTOR

En la residencia hay personas que presentan cierto enlentecimiento a la hora de razonar, simplemente por la edad avanzada, sin que ello conlleve un deterioro.

Es por este motivo que los profesionales, para estimular y mantener la capacidad de razonamiento de estas personas, aplican diferentes técnicas.

En este apartado nos centraremos en las técnicas que suelen utilizarse en la institución para el entrenamiento del razonamiento, con el objetivo de compensar sus efectos.

En el caso del razonamiento, debemos tener en cuenta que el envejecimiento no tiene por qué conllevar un deterioro en el razonamiento, aunque sí puede darse un enlentecimiento. Sin embargo, sí podemos observar deterioro en el caso de enfermedades mentales, como son las demencias.

Comenzaremos explicando el concepto de razonamiento y sus tipos, para, posteriormente, explicar las técnicas más adecuadas para su entrenamiento.

5.1. Definición de razonamiento

El razonamiento es el proceso mental mediante el cual se extraen conclusiones a partir de ciertas premisas. Es una facultad del ser humano por medio de la cual, ante situaciones, circunstancias, problemas reales o imaginarios, es capaz de proponer resultados, aplicando conocimientos previos. El razonamiento humano buscará siempre contestar preguntas tales como: ¿para qué?, ¿cómo?, ¿cuándo?, ¿por qué?, ¿y si...?

 **DEFINICIÓN**

Premisas
Cada una de las proposiciones de un razonamiento que dan lugar a la consecuencia o conclusión de dicho razonamiento. Las premisas son expresiones lingüísticas que afirman o niegan algo y pueden ser verdaderas o falsas.

A continuación, se muestran los distintos tipos de razonamiento humano:

Razonamiento lógico

El razonamiento lógico hace uso del entendimiento para pasar de unas proposiciones a otras, partiendo de lo ya conocido o de lo que se cree conocer a lo desconocido o menos conocido. Los razonamientos que se hagan a través de esta forma pueden ser válidos o no válidos. Será considerado como válido cuando sus premisas ofrezcan suficiente soporte a la conclusión; en el no válido sucede todo lo contrario.

Continúa en página siguiente >>

<< Viene de página anterior

Razonamiento no lógico	El razonamiento no lógico, también conocido como informal, no solamente se basará en premisas como el anterior, sino que además se ayuda de la experiencia y del contexto.
Razonamiento deductivo	El razonamiento deductivo se mueve de una premisa general a una conclusión más específica.
Razonamiento inductivo	El razonamiento inductivo se mueve de premisas específicas a una conclusión general.
Razonamiento abstracto	Se refiere a la capacidad o aptitud para resolver problemas lógicos, deduciendo ciertas consecuencias de la situación planteada. El razonamiento abstracto, junto con el razonamiento verbal, son los ingredientes de las habilidades cognitivas.

Con la edad se hace evidente un **enlentecimiento psíquico** determinado por los factores de tipo fisiológico y por las peculiaridades psíquicas de la vejez, por lo que la capacidad de razonar tampoco es la misma. Esto no quiere decir que se produzca un deterioro en el razonamiento, sino que puede darse un enlentecimiento.

Sí podemos observar deterioro en el caso de enfermedades mentales, como en las demencias. Si por ejemplo nos centramos en la enfermedad de Alzheimer, se produce un claro deterioro de las funciones cognitivas y, entre ellas, del razonamiento.

Hay que diferenciar entre el enlentecimiento psíquico que se puede dar en la vejez y el deterioro cognitivo producido por una enfermedad.

Para el entrenamiento del razonamiento de los residentes, se pueden utilizar técnicas tales como:

Categorización   Seriación

5.2. Técnicas

A continuación, se describen las técnicas útiles para el entrenamiento del razonamiento.

Categorización

Consiste en **ordenar una serie de elementos en grupos siguiendo un criterio común.** Es decir, agrupamos la información en diferentes categorías para facilitar su recuperación. Por ejemplo, si vamos a ir al supermercado preparamos una lista de la compra en la que separaremos por categorías lo que vamos a comprar: lácteos, carnes, pescado, verduras, frutas, productos de limpieza, etc.

 **EJEMPLO**

Clasificar las siguientes series de tres palabras en un único concepto:

- El negro, el rojo y el verde.
- Cuchara, tenedor, cuchillo.
- España, Francia, Italia.
- Coche, moto, tren.
- Perro, gato, ardilla.

Clasificar las siguientes palabras en las categorías "cocina", "cuarto de baño", "dormitorio" y "sala de estar":

- Plato, champú, mesita de noche, sofá, televisión, cama, cepillo de dientes, tenedor, peine, fruta, pijama, sillón.

Seriación

Consiste en ordenar una serie de elementos según una categoría siguiendo una secuenciación específica (de mayor a menor, series que se repiten, etc.).

 EJEMPLO

- Ensartar piezas siguiendo orden de tamaño.
- Adornar la mesa con una cadena de regletas en serie o tarjetas con letras (de menor a mayor dificultad): series alternas a-b-a-b-a-b..., o cíclicas a-bb-a-bb-a ... abc-bbabc-bb, etc.
- El mismo proceso con otros elementos (bolas de plastilina, legumbres, pinturas), material ya utilizado antes y que resulta familiar.
- Ordenar objetos según tamaño, forma, color, etc.
- Series cotidianas: ordenar las cartas de una baraja, decir, días de la semana, meses del año, estaciones.
- Contar siguiendo un orden, desarrollo de acciones cotidianas como de la mañana a la noche, sucesión de platos en una comida, proceso seguido al levantarse de la cama, o al vestirse o desnudarse.

Contar y ordenar cartas de una baraja ayuda a entrenar las funciones cognitivas.

Otras técnicas

Para estimular y mantener la capacidad de razonamiento en las personas residentes, se van a poder utilizar también otras técnicas, como por ejemplo,

la jerarquía, las analogías, las hipótesis y todas aquellas **estrategias que requieran el uso de la lógica.**

 **EJEMPLO**

Ordenar actividades según su nivel de importancia, urgencia y adecuación temporal.

Plantear juegos de adivinanzas: ¿qué pasaría si...?, ¿qué habría que hacer si...?

Presentar un texto con palabras desordenadas para que la persona forme una frase o párrafo con ellas.

 **VÍDEO**

En el siguiente vídeo podrás observar cómo se aplican algunas técnicas para el entrenamiento de las funciones cognitivas.

https://redirectoronline.com/uf01300103

6. Elaboración de estrategias básicas de intervención

☞ HILO CONDUCTOR

En todos los centros de Grupo ATENCIONA, ya sea un centro de día o bien un centro de atención integral 24 h, se realizan una gran variedad de actividades, destinadas a ralentizar el deterioro cognitivo de los usuarios y a mantener las competencias psicosociales necesarias para las actividades de la vida diaria.

Para ello, se diseñan diferentes tareas, adaptadas por supuesto a las personas dependientes, según su situación y grado de deterioro, si presenta o no enfermedad, pero con el objetivo todas ellas de estimular y mantener las funciones cognitivas.

La intervención debe abordarse desde una óptica interdisciplinar ya que en la vida de toda persona confluyen una serie de elementos inseparablemente relacionados, de modo que cualquier variación en alguno de ellos puede provocar una alteración en la dinámica de los demás y en las relaciones entre estos.

Hasta este momento se ha trabajado con cierta asiduidad centrándose en los «síntomas» o en las causas de demanda, sin abordar la globalidad de las situaciones, desde las diversas variables implicadas en una determinada situación-problema.

Es fundamental cambiar la idea de intervención, haciendo un intento de asociar y engranar todas las variables que influyen en un proceso. En definitiva, se debe caminar hacia una visión compleja de la realidad en las intervenciones: estas deben realizarse simultáneamente desde y sobre todas las áreas implicadas.

6.1. Ideas clave de los programas de intervención

Desde este nuevo enfoque que comentábamos es necesario diseñar sistemas de intervención, es decir, conjuntos de programas de intervención interrelacionados que den respuesta a las causas y a las consecuencias que definen las situaciones y los problemas. Así pues, se entiende que es necesario operar sobre:

Los sujetos	La situación
- Abordando a la persona que sufre un problema de forma global.	- Sobre la interacción y las dinámicas que se generan entre los sujetos.

Un programa de intervención debe ponerse en marcha en un área concreta y con unos objetivos concretos pero, a su vez, debe estar contextualizado, es decir, debe ser un eslabón más en la cadena de recursos cuyo objetivo final y prioritario es proporcionar bienestar y calidad de vida a la persona dependiente, teniendo siempre presente la necesidad de respeto a los intereses de los usuarios y los principios de autodeterminación de la persona dependiente a la hora de realizar las actividades.

Toda intervención persigue un cambio y debe realizarse simultáneamente tanto sobre la persona, grupo, comunidad, y/o institución (intervención de primer orden), como sobre las relaciones entre estos (intervención de segundo orden).

Un sistema de intervención permitirá dar respuesta a las causas y a las consecuencias que definen las situaciones y los problemas de cada persona.

6.2. Elaboración de estrategias de intervención

Existen diferentes **programas de estimulación cognitiva.** Cada programa tiene objetivos específicos y métodos ajustados a diferentes contextos y poblaciones. En el envejecimiento normal los programas de estimulación cognitiva se diseñan como una respuesta terapéutica a las quejas subjetivas de pérdida de memoria.

El objetivo de todos ellos es ralentizar el deterioro cognitivo y el mantenimiento de competencias psicosociales necesarias para las actividades de la vida diaria y social mediante el refuerzo de las funciones relativamente preservadas y residuales.

Podemos estimular y mantener, con tareas diseñadas, múltiples funciones cognitivas. Cada tarea debe contener diferentes ejercicios que mantengan en uso otras áreas implicadas.

Practicar algún deporte o ejercicio que implique la coordinación entre las extremidades ayuda a mantener las capacidades cognitivas de las personas mayores.

Técnicas de estimulación cognitiva

A continuación, se muestran algunas técnicas para la estimulación cognitiva:

Orientación a la realidad

- Programas basados en la idea de que determinado tipo de información de orientación básica es esencial en las personas confusas y necesaria para el desarrollo de otras funciones cognitivas. Enfatizan principalmente la información referente al espacio y lugar donde se halla el sujeto, el tiempo en el que vive y los datos personales y circunstanciales relevantes para él. Este método puede mejorar significativamente el grado de desorientación.

Terapia de reminiscencia

- Método por el cual, a partir de viejas fotografías, libros, revistas, vestimentas, etc., se rememoran acontecimientos históricos y vitales del paciente. Su objetivo es estimular la identidad y autoestima de la persona.

Musicoterapia

- Hace uso de técnicas neuropsicológicas especializadas que incluyen la estimulación sensorial, la rehabilitación de la memoria, la terapia de entonación melódica, la estimulación auditiva rítmica, la estimulación sensorial de patrones y los ejercicios motores funcionales mediante el uso terapéutico de tocar instrumentos, cantar y bailar para facilitar la recuperación-estimulación de las funciones cognitivas alteradas o para mantener las funciones que se están deteriorando.

La psicoestimulación integral

- Consiste en un conjunto de técnicas que se aplican utilizando diferentes metodologías con el objetivo de mantener y mejorar la autonomía de la persona.

Talleres de memoria

- Mediante la práctica de unas actividades mentales científicamente estudiadas, permite a los participantes agilizar los procesos cerebrales que facilitan el recuerdo y la cognición. Tienen un carácter preventivo o terapéutico, según las características personales de cada persona.

Psicomotricidad

- Es una técnica destinada a trabajar el propio cuerpo, ya que muchos autores sugieren que la actividad física, no solo produce efectos positivos a nivel fisiológico, sino que también ayuda a las mejoras cognitivas y psicológicas de las personas mayores.

Técnicas de orientación a la realidad

La terapia de orientación a la realidad consiste en un **conjunto de técnicas, mediante las cuales una persona toma conciencia de su situación** en el tiempo (orientación temporal) y en el espacio (orientación espacial), así como de su propia situación personal.

Es decir, es una terapia dirigida a reducir la desorientación y confusión derivadas del deterioro cognitivo, potenciando los diferentes componentes de la orientación: temporal, espacial y personal.

Los objetivos de esta terapia son:

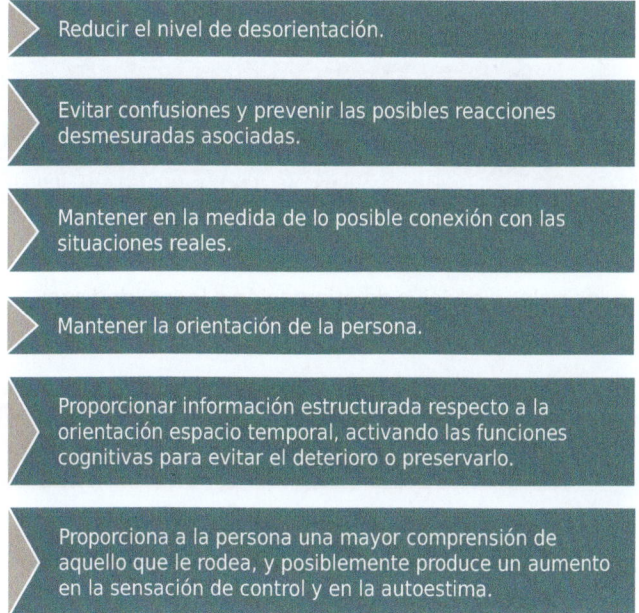

Reducir el nivel de desorientación.

Evitar confusiones y prevenir las posibles reacciones desmesuradas asociadas.

Mantener en la medida de lo posible conexión con las situaciones reales.

Mantener la orientación de la persona.

Proporcionar información estructurada respecto a la orientación espacio temporal, activando las funciones cognitivas para evitar el deterioro o preservarlo.

Proporciona a la persona una mayor comprensión de aquello que le rodea, y posiblemente produce un aumento en la sensación de control y en la autoestima.

La terapia de orientación a la realidad puede aplicarse de dos maneras diferentes:

Orientación a la realidad de 24 h
- Se trata de que todas las personas que toman contacto con el paciente (cuidadores, profesionales, familiares) le ayuden a mantenerse permanentemente orientado, a partir de instrucciones verbales que recogerán aspectos de orientación temporal, espacial y personal. También se utilizan referencias en el ambiente, señales y otras ayudas para la memoria. El objetivo principal de esta técnica es el de fomentar la autonomía incidiendo en sus capacidades de orientación.

Orientación a la realidad en sesiones
- Son sesiones de una hora aproximadamente, y generalmente varias veces a la semana, donde se trabaja en pequeños grupos de pacientes. Las sesiones tienen un enfoque cognitivo, comenzando normalmente por la orientación temporal (fecha), después se sigue con la espacial (lugar donde se encuentran) y se acaba con la personal (nombre y edad de los participantes). Seguidamente, se introducen ejercicios variados para trabajar otros aspectos cognitivos como la memoria y el lenguaje.

Los principales ejercicios de orientación a la realidad son:

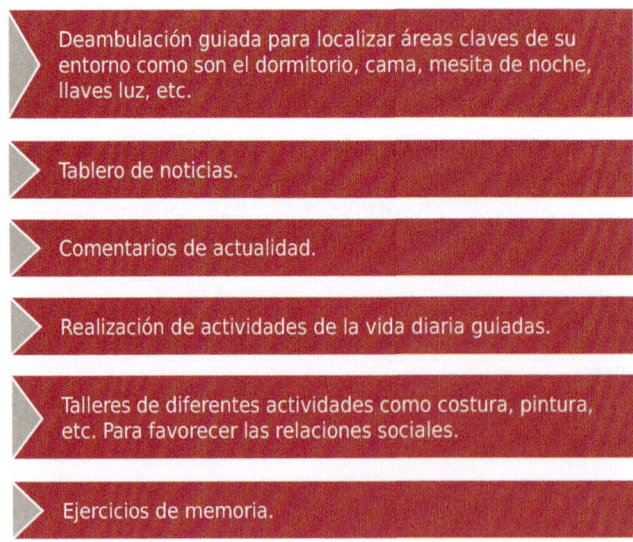

Deambulación guiada para localizar áreas claves de su entorno como son el dormitorio, cama, mesita de noche, llaves luz, etc.

Tablero de noticias.

Comentarios de actualidad.

Realización de actividades de la vida diaria guiadas.

Talleres de diferentes actividades como costura, pintura, etc. Para favorecer las relaciones sociales.

Ejercicios de memoria.

Es de suma importancia realizar los cambios necesarios en el entorno donde se desenvuelve el paciente para que se encuentre más seguro, orientado, y pueda ser más independiente y durante más tiempo. Se incluirán diferentes medidas ambientales que favorezcan los aspectos de la orientación temporal, espacial y personal. Entre ellas nos encontramos:

> Calendarios

> Relojes

> Tableros de orientación

> Carteles de señalización

> Dibujos en las puertas

> Colores para diferenciar unas habitaciones de otras

> Etc.

Terapia de reminiscencia

La terapia de reminiscencia consiste en la **discusión de actividades, hechos o experiencias pasadas con otra persona o grupo** de personas, utilizando para ello fotografías, objetos de la vida diaria, periódicos u otros elementos familiares del pasado, grabaciones, sonidos, etc.

Se trata de evocar los recuerdos pasados a través del diálogo con preguntas acerca del material elegido.

Se trata de una terapia en la que se estimula a los usuarios a hablar sobre hechos del pasado.

Objetivos
- Estimular los procesos mnésicos y los recuerdos preservados. - Ejercitar la memoria. - Mejorar el autoconcepto y reforzar la autoestima. - Provocar soporte psicoafectivo en la tarea evolutiva de reconstruir significativamente el pasado. - Favorecer las relaciones interpersonales y la integridad social.

Materiales
- **Visuales:** fotografías, libros, revistas, periódicos, postales, etc. - **Auditivos:** discos antiguos, melodías conocidas, etc. - **Táctiles:** manipulación de objetos y texturas. - **Gustativos:** saborear antiguos platos. - **Olfativos:** aromas conocidos, fragancias, etc.

Tema

- En cada sesión se abordará un tema preseleccionado, siempre relacionado con el pasado y los recuerdos preservados. Los temas a incluir en las sesiones pueden ser:
  - **Biográficos:** la infancia, la juventud, el matrimonio, los hijos, el trabajo, la jubilación, etc.
  - **Acontecimientos y fiestas relacionados con el momento temporal:** Reyes, Carnaval, Semana Santa, Navidad, etc. Por ejemplo, una fotografía del paciente con su familia el 25 de diciembre, donde aparece un árbol de Navidad lleno de regalos.
  - **Temáticos:** fiestas y romerías, los medios de comunicación y transporte, trabajos, la escuela, los gustos musicales de la época, la moda de la época, la vivienda, etc.

Musicoterapia

La musicoterapia consiste en un conjunto de actividades que utilizan el estímulo musical (ritmo, tono, velocidad, registro, volumen, silencio, etc.) como herramienta terapéutica para conseguir diferentes resultados directos e indirectos a nivel psicológico, psicomotriz, orgánico y energético, a la vez que potencian la dimensión relacional.

Se ha visto experimentalmente que la música y sus componentes funda-mentales (estructuras rítmicas, escalas, tonos, etc.) producen patrones de actividad eléctrica cerebral coherente. Esto se traduce en una mayor efica-cia a nivel del funcionamiento del cerebro, no solo como rector de los proce-sos cognitivos, sino también como regulador de las funciones vegetativas del organismo.

En la actualidad, se cuenta con modelos, procedimientos y técnicas de mu-sicoterapia que se pueden aplicar con precisión y de forma sistemática en la restauración, mantenimiento y mejora de la salud, tanto mental como física. Por otra parte, puede servir como vehículo facilitador del proceso de desa-rrollo de habilidades cognitivas, motrices, emocionales y conductuales.

 SABÍAS QUE...

Uno de los usos cotidianos más simples y difundidos de la musicoterapia es la regulación del estado de ánimo. Se utilizan trozos musicales para alegrarnos en la depresión o para calmarnos en medio de estados de excitación producidos por la rabia, el estrés o el temor.

Los **objetivos** de la musicoterapia son:

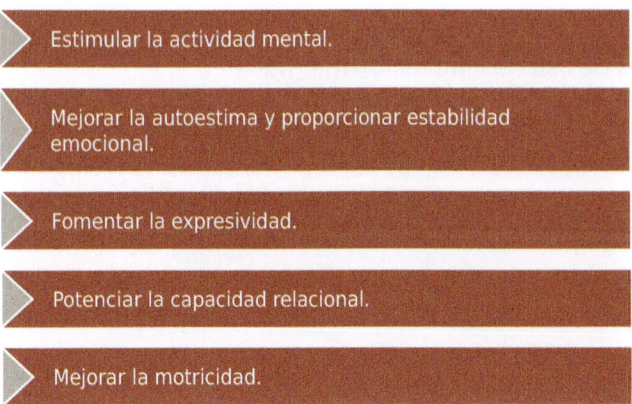

- Estimular la actividad mental.
- Mejorar la autoestima y proporcionar estabilidad emocional.
- Fomentar la expresividad.
- Potenciar la capacidad relacional.
- Mejorar la motricidad.

Y las **actividades:**

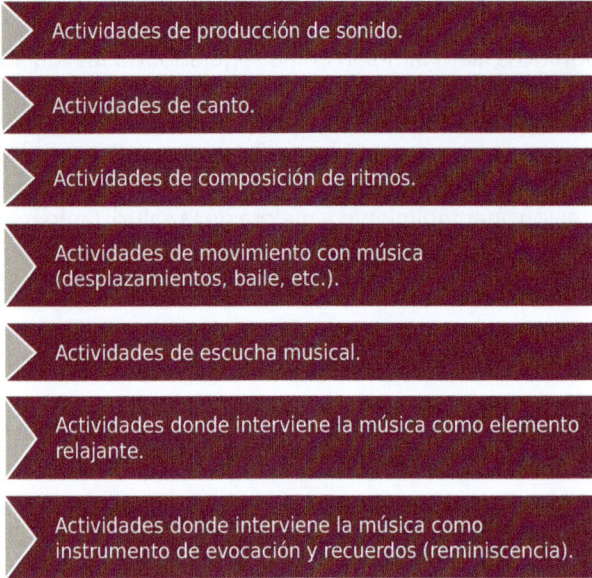

Actividades de producción de sonido.

Actividades de canto.

Actividades de composición de ritmos.

Actividades de movimiento con música (desplazamientos, baile, etc.).

Actividades de escucha musical.

Actividades donde interviene la música como elemento relajante.

Actividades donde interviene la música como instrumento de evocación y recuerdos (reminiscencia).

Esta terapia se desarrolla en grupo y se aconseja combinar actividades psicomotrices y de psicoestimulación con las diferentes tareas propias de la musicoterapia, con el objetivo de conseguir sesiones activas y que, a su vez, proporcionen una adecuada estimulación global.

Programa de Psicoestimulación Integral (PPI)

El programa de psicoestimulación integral, desarrollado por Ll. Tárraga y M. Boada, consiste en un conjunto de estrategias terapéuticas, no farmacológicas, destinadas a reestablecer, rehabilitar y frenar el proceso de deterioro cognitivo, en especial, el proceso evolutivo de las demencias.

 **RECUERDA**

La persona adulta mayor sufre un envejecimiento cognitivo que requiere de la estimulación de las funciones cognitivas para prevenir el deterioro de dichas funciones.

El programa es aplicado por un equipo multidisciplinar integrado por psicólogos clínicos y neuropsicólogos, pedagogos, educadores, etc. Los pacientes que participan en este programa acuden durante cinco días a la semana, 8 horas al día.

Los ejercicios de coordinación motora grupales y en ambientes relajados son terapias que integran una rehabilitación global.

Talleres

Existen diferentes tipos de talleres de psicoestimulación integral:

Psicoestimulación cognitiva	- Se trabaja la orientación, atención, concentración, memoria, lenguaje, cálculo, praxias y gnosias. Se intenta recuperar o mantener las funciones mentales superiores.
Taller de reminiscencia	- Donde se evocan recuerdos del pasado y se ejercita la memoria.
Taller de psicoexpresión, cinesiterapia y musicoterapia	- Se intenta ejercitar la movilidad, la psicomotricidad, la coordinación motora, la estructuración del espacio y el lenguaje corporal. También se incluyen ejercicios de relajación. Se fomenta la interacción grupal.
Taller ocupacional y taller de mantenimiento de las actividades de la vida diaria	- Se utilizan técnicas de modificación de conducta; lo que se pretende con estos talleres es mejorar la autonomía personal y fomentar sus habilidades e intereses.

DEFINICIÓN

Cinesiterapia

Tratamiento de enfermedades y lesiones mediante el movimiento. En estudios realizados en pacientes con deterioro cognitivo, se han obtenido beneficios con la aplicación de este programa, manteniendo estable la evolución del deterioro y conservando el grado de autonomía en las actividades de la vida diaria, aunque no todos los pacientes responden por igual al tratamiento.

- -

Talleres de memoria

Los talleres de memoria son un instrumento que, mediante la práctica de unas actividades mentales científicamente estudiadas, permiten al participante **agilizar los procesos cerebrales que facilitan el recuerdo y la cognición.**

Para participar en estos talleres es imprescindible conocer el estado del paciente para poder ubicarlo en el tipo de taller más adecuado a su situación personal.

Estos talleres consisten en ejercitar tanto las distintas fases de la memoria (codificación, almacenamiento y recuperación) como las distintas funciones cognitivas relacionadas con ella (atención, percepción, orientación, pensamiento y lenguaje), mediante una serie de técnicas estructuradas.

EJEMPLO

¿Qué se suele hacer en una sesión? Pues imaginemos que es la segunda sesión a la que asistimos dentro de un taller de memoria. Esta sesión consistiría en lo siguiente:

1. Recibimiento.
2. Pasar lista.

Continúa en página siguiente >>

<< Viene de página anterior

3. Explicación del funcionamiento de la memoria (los diferentes procesos y las alteraciones que pueden aparecer), en el caso de que se haya explicado en la primera sesión solo se hará un repaso.
4. Corrección grupal de la tarea que se mandó en la sesión anterior para realizar en casa.
5. Explicación y práctica de una técnica de memoria o de un ejercicio de estimulación cognitiva.
6. Realización de una serie de ejercicios donde se trabaje la función cognitiva que toque en la sesión.
7. Comentar las actividades realizadas.
8. Asignación de tareas para casa.
9. Ejercicios de relajación para finalizar la sesión (esto es opcional).

Los **objetivos** de estos talleres son:

> Conocer el funcionamiento básico de la memoria y las alteraciones que se pueden producir.

> Entrenar la memoria.

> Estimular otras capacidades cognitivas directamente relacionadas con el deterioro cognitivo.

> Preservar la autonomía del sujeto aprovechando la utilización de sus recursos.

> Modificar las creencias negativas sobre la memoria.

> Aumentar la calidad de vida de estas personas.

> Reducir la ansiedad que provocan los fallos de memoria.

> Mejorar el estado de ánimo y la autoestima.

> Promover la comunicación y relación grupal.

Y las **estrategias:**

Visualización
- Es la capacidad de crear imágenes visuales del material que debemos recordar sin que este esté presente. Es decir, podemos aprender contenidos creando una imagen mental de ellos, de modo que a partir de esta información visual nos sea más fácil recordar el contenido.

Asociación
- Consiste en asociar información nueva con otra que nos resulte más familiar o que tenga cierta similitud con ella. Unimos en nuestro cerebro una información ya guardada con información nueva.

Agrupación
- Consiste en agrupar las cosas siguiendo un orden lógico. Es decir, agrupamos la información en diferentes categorías para facilitar su recuperación. Por ejemplo, si vamos a ir al supermercado, preparamos una lista de la compra donde separaremos por categorías lo que vamos a comprar: lácteos, carnes, pescado, verduras, frutas, productos de limpieza, etc.

Repetición
- Consiste en nombrar de manera repetida la información que aprendemos de modo que la tengamos activa en la memoria.

Psicomotricidad

La psicomotricidad es un conjunto de técnicas cuyo objetivo es el desarrollo y/o estimulación tanto de las funciones físicas como psíquicas. Centra su interés en el movimiento.

La psicomotricidad supone una relación mutua entre la función motriz, el componente socioafectivo (las relaciones que establece el individuo, comportamientos y sentimientos) y el componente cognitivo (capacidades y aptitudes del individuo).

Podemos decir, por lo tanto, que el movimiento no se reduce a una actividad mecánica, sino que está influido e influye en la función psíquica del individuo.

La intervención psicomotriz se dirige tanto a sujetos sanos como a quienes padecen cualquier tipo de trastorno, limitación o discapacidad, cualquiera que sea su edad, y consiste en un planteamiento preventivo, educativo o terapéutico realizado a partir de la vivencia corporal.

Los ejercicios de coordinación motora grupales y en ambientes relajados son terapias que integran una rehabilitación global.

Los **objetivos** de la psicomotricidad son:

Trabajar y potenciar la movilidad, equilibrio, coordinación y ejecución práxica.

Prácticar la independencia funcional.

Lograr la integración del esquema corporal.

Favorecer la orientación espaciotemporal.

Controlar la respiración.

Continúa en página siguiente >>

<< Viene de página anterior

Favorecer la integración emocional y relacional.

Trabajar la relajación para aliviar las tensiones del cuerpo.

Facilitar un envejecimiento bio-psico-social saludable.

Aumentar el bienestar emocional.

Mejorar la adaptación al mundo exterior.

Instaurar hábitos saludables que produzcan bienestar y satisfacción.

 **RECUERDA**

Desde la psicomotricidad el movimiento se entiende como fuente de salud física, medio de estimulación sensorial, medio de comunicación y de relación con los demás y como organizador de las capacidades mentales.

Las **áreas** que se trabajan son:

Esquema corporal
- Implica diferenciar las distintas partes del cuerpo, tomando conciencia de las posibilidades de movimiento y de las limitaciones que se tienen.

Coordinación del movimiento
- Se trata de trabajar y potenciar la sincronía de los movimientos. Consiste en realizar los movimientos con la máxima precisión posible.

Continúa en página siguiente >>

<< Viene de página anterior

Coordinación perceptivo-motriz
- El interés está centrado en la potenciación de las coordinaciones que posibilitan la manipulación adecuada de los objetos para asegurar el control de los movimientos en función de la distancia, la trayectoria, la velocidad y la fuerza, y las características (forma, tamaño, peso) del objeto.

Equilibrio
- Consiste en potenciar los reflejos de acción y regular la postura. Se pretende conseguir la seguridad de los desplazamientos y de los cambios de posición ejerciendo un efecto protector frente a la posibilidad de caídas.

Control respiratorio
- El objetivo es asegurar una función respiratoria eficaz para poder realizar las actividades de la vida diaria sin sensación de ahogo. Se realizan movimientos de inspiración y espiración.

Lateralidad
- Se trata de diferenciar una parte del cuerpo de la otra realizando ejercicios de señalización y orden.

Por último, se ha de saber que dependiendo del grado de dependencia que tenga la persona se podrá aplicar una terapia u otra. Lo importante es entrenar las funciones cognitivas para mantenerlas activas y, para ello, existen multitud de actividades de estimulación cognitiva que ayudan a potenciar las capacidades intelectuales y a mejorar la calidad de vida tanto de personas mayores como de personas con discapacidad.

 **VÍDEO**

En el siguiente vídeo podrás observar un ejercicio en el que se trabaja la coordinación perceptivo-motriz de un grupo de individuos.

Continúa en página siguiente >>

<< Viene de página anterior

https://redirectoronline.com/uf01300104

 ACTIVIDAD COMPLEMENTARIA

3. Indica el área que se trabaja si proponemos la actividad de lanzar una pelota con las dos manos a un punto rojo, recogerla, volver a lanzarla con una mano a un punto verde, recogerla, y pasarla al compañero.

 TAREA 1

Soledad, que padece una demencia, acaba de sufrir una crisis a causa de una desorientación por no saber dónde se encontraba. Ella vive en una residencia desde hace 3 años y por lo tanto conoce el lugar a la perfección. Sin embargo, se encontraba en el jardín de la residencia con otros usuarios practicando una actividad grupal cuando se ha desorientado, por un momento no sabía dónde estaba, hacia dónde dirigirse, ni qué hacía allí.

Tras el caso expuesto, responde a las siguientes cuestiones:

- ¿Qué actuaciones deben seguir los profesionales para reconducir la situación?
- ¿Qué estrategias de intervención llevarías a cabo con Soledad, teniendo en cuenta la necesidad de respetar sus intereses, así como los principios de autodeterminación a la hora de realizar actividades?

---

7. Resumen

A lo largo de esta unidad hemos visto diferentes técnicas que suelen utilizarse para el entrenamiento de las funciones cognitivas: memoria, atención, orientación espacial, temporal y personal, y razonamiento.

La memoria es el proceso por medio del cual la información se codifica, se almacena y se recupera posteriormente. La mala memoria se considera signo de envejecimiento, sin embargo, al igual que otras habilidades cognitivas, el funcionamiento de la memoria de las personas mayores varía bastante. Muchos otros motivos, aparte de la vejez, pueden causar problemas de la memoria. Estos incluyen la depresión, otras enfermedades, demencia, los efectos secundarios de las drogas, un derrame cerebral, una lesión en la cabeza y el alcoholismo.

La atención es la capacidad de seleccionar la información sensorial y dirigir los procesos mentales. En los adultos mayores, la atención, sobre todo si debe ser mantenida voluntariamente, disminuye. Muchos otros motivos, aparte de la vejez, pueden causar problemas de la atención, como puede ser la depresión, otras enfermedades, demencia, una lesión en la cabeza, el mismo trastorno de déficit de atención, entre otros.

La orientación espacial se refiere a la ubicación del cuerpo en relación con las otras personas, objetos que nos rodean, ambiente próximo y espacio de nuestro entorno. La orientación temporal es la orientación en el tiempo, hora, día, semana, mes. La orientación personal se refiere al conocimiento de uno mismo y de las personas que le rodean, es decir, la edad que tiene, el nombre de sus familiares, los nietos que tiene...

Nos encontramos con trastornos de la orientación en aquellas personas que sufren pérdida de memoria, trastornos confusionales, pero, sobre todo, es especialmente frecuente en aquellas personas que padecen algún tipo de demencia.

El razonamiento es el proceso mental mediante el cual se extraen conclusiones a partir de ciertas premisas. Con la edad, se hace evidente un enlentecimiento psíquico, determinado por los factores de tipo fisiológico y por las peculiaridades psíquicas de la vejez. Esto no quiere decir que se produzca un deterioro en el razonamiento, sino que puede darse un enlentecimiento. Podemos observar un deterioro en el razonamiento en el caso de enfermedades mentales, como son las demencias.

Existen diferentes programas de estimulación cognitiva, cada uno con objetivos específicos y métodos ajustados a diferentes contextos y poblaciones. Las técnicas y estrategias de intervención que hemos estudiado son:

Ejercicios de autoevaluación
Unidad de Aprendizaje 1

1. ¿Qué memoria es la que utilizamos cuando queremos retener un número de teléfono?

_____

_____

2. La memoria procedimental...

    a. ... implica habilidades aprendidas con la práctica.
    b. ... tiene que ver con las palabras, el lenguaje, los hechos y sus significados.
    c. ... almacena hechos concretos y experiencias personales.
    d. Todas las opciones son incorrectas.

3. ¿En qué consiste la técnica de categorización?

    a. Unir objetos por características semánticas, acústicas y proximidad, de tal manera que el recuerdo de uno evoca el siguiente.
    b. Organizar la información agrupándola en base a sus características comunes. Proporcionando uno de los miembros o el nombre de la categoría, se recuerdan con facilidad los demás.
    c. Clasificar diferentes objetos y palabras en función de un criterio escogido o características comunes.
    d. Todas las opciones son correctas.

4. Para el entrenamiento de la atención de los residentes, ¿qué técnica se utiliza?

_____

_____

5. Determina si las siguientes oraciones son verdaderas o falsas:

a. La orientación personal hace referencia a la ubicación del cuerpo en relación con las otras personas, objetos que nos rodean, ambiente próximo y espacio de nuestro entorno.

Verdadero
Falso

b. Para grupos de orientación a la realidad se recomienda el trabajo en grupos de 3 a 8 personas, según el nivel de capacidades cognitivas, comunicacionales, funcionales y sensoriales.

Verdadero
Falso

6. ¿Qué técnica consiste en ordenar una serie de elementos según una categoría siguiendo una secuenciación específica?

_____

_____

7. El uso de fotografías, objetos de la vida diaria, periódicos u otros elementos familiares del pasado, ¿en qué terapia se utilizan?

a. Orientación a la realidad
b. Musicoterapia
c. Reminiscencia
d. Programa de psicoestimulación integral

8. Si vamos al supermercado y preparamos una lista donde separemos por categorías los productos que vamos a comprar, ¿qué estrategia estamos utilizando?

a. Asociación
b. Agrupación
c. Repetición
d. Visualización

9. Señala la opción incorrecta.

    a. La intervención psicomotriz se dirige exclusivamente a personas dependientes.

    b. La intervención psicomotriz se dirige tanto a sujetos sanos como a quienes padecen cualquier tipo de trastorno, limitación o discapacidad.

    c. La intervención psicomotriz tiene aplicación preventiva, educativa y terapéutica.

    d. Los ejercicios de coordinación motora grupales y en ambientes relajados son terapias que integran una rehabilitación global.

10. En psicomotricidad, si hablamos de la manipulación adecuada de los objetos para asegurar el control de los movimientos en función de la distancia, la trayectoria, la velocidad, la fuerza y las características del objeto, ¿qué área estamos trabajando?

    a. Esquema corporal

    b. Lateralidad

    c. Coordinación perceptivo-motriz

    d. Control respiratorio

Mantenimiento y entrenamiento de hábitos de autonomía personal en situaciones cotidianas de la institución

Contenido

Objetivos

Los objetivos generales de esta Unidad de Aprendizaje son:

→ Mantener hábitos de autonomía personal de personas dependientes en instituciones sociales.

→ Entrenar hábitos de autonomía personal en situaciones cotidianas de la institución.

1. Introducción

En la Ley 39/2006, de 14 de diciembre, de Promoción de la Autonomía Personal y Atención a las personas en situación de dependencia, la Autonomía se define: *la capacidad de controlar, afrontar y tomar decisiones personales sobre cómo vivir y al desarrollo de las actividades básicas de la vida diaria.*

La presente ley tiene por objeto regular las condiciones básicas que garanticen la igualdad en el ejercicio del derecho subjetivo de ciudadanía a la promoción de la autonomía personal y atención a las personas en situación de dependencia, en los términos establecidos en las leyes, mediante la creación de un sistema para la autonomía y atención a la dependencia, con la colaboración y participación de todas las Administraciones públicas y la garantía por la Administración General del Estado de un contenido mínimo común de derechos para todos los ciudadanos en cualquier parte del territorio del Estado español.

La ley también pretende garantizar y hacer efectivo el derecho a la igualdad de oportunidades de las personas con discapacidad; a estos efectos, se entiende por igualdad de oportunidades la ausencia de discriminación, directa o indirecta, que tenga su causa en una discapacidad, así como la adopción de medidas de acción positiva orientadas a evitar o compensar las desventajas de una persona con discapacidad para participar plenamente en la vida política, económica, cultural y social. Tendrán la consideración de personas con discapacidad aquellas a quienes se les haya reconocido un grado de discapacidad igual o superior al 33 %.

Para el desarrollo del contenido, continuaremos con la actividad del Grupo ATENCIONA, una compañía que engloba servicios de organización, gestión, atención y cuidados especializados en centros sociosanitarios para personas en situación de dependencia.

2. Técnicas, procedimientos y estrategias de intervención

☞ HILO CONDUCTOR

Alfredo es un hombre mayor que lleva 1 año en una residencia, vive allí desde que su mujer falleció. Él echa mucho de menos su casa, a su mujer, y no consigue adaptarse a su nueva situación. No quiere participar en actividades, incluso hay que estar encima de él para el aseo, la comida, la medicación...

Es un hombre con carácter, discute constantemente con otros residentes y con sus propios cuidadores, de hecho, siempre que surge algún conflicto, él está implicado. Además, al hablar con Alfredo, los profesionales detectan en él pensamientos negativos, distorsiones que lo que hacen es conducir a un malestar emocional, generando con ello frustración. Para Alfredo todo es blanco o negro, y además llega a conclusiones que no tienen justificación alguna.

Debido a ello, los profesionales van a intervenir, por lo que deberán planificar la estrategia de intervención más adecuada a este caso...

A efectos de la Ley 39/2006, de 14 de diciembre, de Promoción de la Autonomía Personal y Atención a las personas en situación de dependencia, se entiende por:

Autonomía
- La capacidad de controlar, afrontar y tomar, por propia iniciativa, decisiones personales acerca de cómo vivir de acuerdo con las normas y preferencias propias así como desarrollar las actividades básicas de la vida diaria.

Dependencia
- El estado de carácter permanente en el que se encuentran las personas que, por razones derivadas de la edad, la enfermedad o la discapacidad, y ligadas a la falta o a la perdida de autonomía física, mental, intelectual o sensorial, precisan de la atención de otra u otras personas o ayudas importantes para realizar actividades básicas de la vida diaria, en el caso de las personas con discapacidad intelectual o enfermedad mental, de otros apoyos para su autonomía personal.

Continúa en página siguiente >>

<< *Viene de página anterior*

Actividades básicas de la vida diaria
- Las tareas más elementales de la persona, que le permiten desenvolverse con un mínimo de autonomía e independencia, tales como: el cuidado personal, las actividades domésticas básicas, la movilidad esencial, reconocer personas y objetos, orientarse, entender y ejecutar ordenes o tareas sencillas.

Necesidades de apoyo para la autonomía personal
- Las que requieren las personas que tienen discapacidad intelectual o mental para hacer efectivo un grado satisfactorio de autonomía personal en el seno de la comunidad.

Cuidados profesionales
- Los prestados por una institución pública o entidad, con y sin ánimo de lucro, o profesional autónomo entre cuyas finalidades se encuentre la prestación de servicios a personas en situación de dependencia.

2.1. Técnicas y estrategias de intervención

A continuación, vamos a ver la estrategia de resolución de problemas y la técnica de reestructuración cognitiva.

Estrategia de resolución de problemas

Toda adaptación para fomentar la autonomía de estas personas supone un cambio, y esto puede provocar cierta resistencia, por lo que será necesario tener una actitud favorable y capacidad de resolución de conflictos. Esta habilidad no es innata, se puede aprender y, para ello, se expone un protocolo de actuación.

La adaptación para recuperar la autonomía de una persona es un proceso que requiere un protocolo de actuación.

Fases de la resolución de problemas

A continuación, se explican las fases de la resolución de problemas:

1. **Comprender el problema.** Consiste en identificar el problema de la manera más exacta posible, de esta forma, se podrá definir de una forma sencilla. Es importante que la persona se dé cuenta del estado emocional que produce el problema cuando surge.

2. **Generar alternativas.** Una vez que hemos definido el problema, hay que ver todas las soluciones que se le pueden dar. Son válidas todas las ocurrencias, cuantas más alternativas se generen más fácil será encontrar la solución. Hay varias formas de hacerlo:

   - **Tormenta de ideas.** Consiste en plantear todas las posibles soluciones que se ocurran, por muy disparatadas que parezcan.
   - **Hacer una lista.** Consiste en elaborar una lista con las alternativas que surjan.
   - **Descomponer el problema en partes.** Cuando se trata de un problema complicado.
   - **Resolver un problema parecido más simple.** Un problema puede aparentar ser más complejo de lo que realmente es. Al resolver otro problema más sencillo se pueden generar soluciones similares.
   - **Abstraerse del problema y verlo desde fuera.** Sirve sobre todo cuando hay una fuerte carga emocional. Es más fácil ver el problema de los demás y ofrecer una solución, que los de uno mismo.
   - **Proponer posibles metas.** Cuando es difícil encontrar la solución, lograr metas puede ayudar a resolverlo.

3. **Evaluar las alternativas.** Consiste en reunir todas las alternativas y establecer las que son más adecuadas o eficaces.
4. **Elección.** Se trata de decidir qué se va a hacer y cómo.
5. **Ejecutar un plan de acción.** Ahora es cuando se lleva a la práctica lo que se ha propuesto anteriormente. Hay que dejar tiempo para llevarlo a cabo.
6. **Evaluación.** Se trata de comprobar si funciona o no la estrategia seguida. Si los resultados no son los esperados se vuelve a la fase anterior.

 **EJEMPLO**

María teme salir al jardín a pasear porque puede caerse, por lo que pasa todo el día en el interior de la institución.

Las siguientes cuestiones pueden ayudar a definirlo de manera más sencilla:

- ¿Cuál es el problema?
- ¿Se entiende el problema?
- ¿Se puede descomponer en partes?
- ¿Qué información tenemos sobre el problema?
- ¿Este problema es parecido a otro resuelto anteriormente?

 **RECUERDA**

- Todo problema tiene una solución.
- El éxito en la resolución de problemas se consigue con la práctica.
- Adoptar una actitud positiva ayuda a resolverlo.
- La mayoría de los problemas con los que se encuentra el profesional están provocados por la dependencia.
- Los conflictos bien gestionados ayudan a crecer, a estimular las habilidades de negociación y terminan fortaleciendo la relación interpersonal.

Protocolo de intervención en la solución de problemas ajenos

Cuando se presenta un problema en el entorno de la persona dependiente es importante que intervengan en la resolución todas las personas implicadas. Se puede actuar de la siguiente manera:

Escucha reflexiva
- Consiste en escuchar a la persona y que se sienta escuchada (escucha activa). Hay que escuchar con todo el cuerpo; el contacto ocular, la postura, los gestos, la distancia, etc.

Explorar alternativas
- Animar a la persona a que proponga alternativas. Para ello, se le puede preguntar. ¿Qué podemos hacer?

Ayudar a escoger una solución
- Es la persona la que elige una posible solución. ¿Qué solución crees más adecuada?

Discutir los probables resultados de la decisión
- La persona piensa en las consecuencias de tomar esa decisión. ¿Qué crees que pasaría si hicieses eso?

Obtener un objetivo
- Consiste en plantearse por ejemplo una fecha. ¿Cuándo lo vas a hacer?

Planificar un tiempo de evaluación
- Establecer un tiempo para ver si es eficaz la decisión tomada.

Estrategias de reestructuración cognitiva

La reestructuración cognitiva es un método de intervención utilizado en terapia cognitiva, cuya finalidad es facilitar recursos al individuo a la hora de hacer su vida más llevadera frente a conflictos o problemas que le pudieran surgir.

En la reestructuración cognitiva se llevan a cabo diversos **métodos** para adaptar los pensamientos negativos del individuo e introducir otros pensamientos más positivistas.

Su **objetivo** es que las personas aprendan a cambiar algunas maneras distorsionadas de pensar que conducen a malestar emocional y frustración.

A continuación, se presentan las principales distorsiones cognitivas:

Abstracción selectiva
- Tendencia a prestar atención a un solo aspecto o detalle de la situación sin procesar su totalidad.

Pensamiento dicotómico
- Tendencia a clasificar todo en dos categorías extremas y opuestas (bueno o malo).

Inferencia arbitraria
- Sacar conclusiones de una situación que no está apoyada por los hechos, incluso cuando la evidencia es contraria a la conclusión.

Sobregeneralización
- Tendencia a sacar conclusiones generales a partir de uno o varios hechos aislados. En este caso, la conclusión no está justificada porque asume que bajo cualquier circunstancia el mismo hecho volverá a ocurrir.

Maximización y minimización
- Se evalúan los acontecimientos otorgándole un peso exagerado o infravalorado en base a la evidencia real.

Personalización y despersonalización
- Tendencia a atribuirse la responsabilidad de sucesos ajenos y a no atribuirse la responsabilidad de sucesos propios. Personalización es culparse por todo lo que ocurre y despersonalización es culpar a los otros.

Las fases para la aplicación de esta técnica cognitiva serían:

Identificación de los pensamientos negativos — Hay que enseñar a la persona a detectar sus propios pensamientos distorsionados, para poder trabajar sobre ellos.

Continúa en página siguiente >>

[73]

<< Viene de página anterior

Evaluación y análisis de los pensamientos	Una vez identificados los pensamientos hay que analizarlos. De esta forma, hacemos ver a la persona que son pensamientos no realistas y que le están afectando negativamente.
Búsqueda de pensamientos alternativos	Tras enseñarle a identificar los pensamientos negativos, que distorsionan la realidad, se les entrenará en la búsqueda de pensamientos que sí se ajusten a la realidad, más positivos y más lógicos.

Los recursos que se pueden alcanzar mediante la reestructuración cognitiva modificarán dinámicas de pensamientos negativos que perjudican a la persona.

2.2. Intervención con distintos tipos de colectivos

Comenzará el apartado con la intervención a mayores, continuando con la intervención a personas discapacitadas físicas y sensoriales, y finalizando con enfermos y encamados.

Mayores

El punto de partida es el conocimiento no solo de la información aportada por el equipo interdisciplinar, sino por el contacto directo con la persona. A través de la observación, se corrobora la información que se tiene de partida, y los cambios que surjan durante la realización de las tareas.

Las tareas que se observarán serán las relacionadas con:

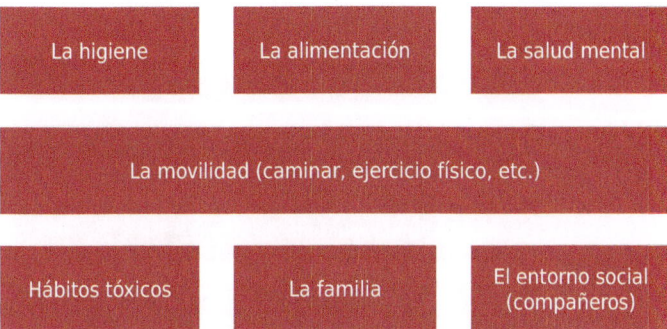

La higiene	La alimentación	La salud mental

La movilidad (caminar, ejercicio físico, etc.)

Hábitos tóxicos	La familia	El entorno social (compañeros)

El entorno social puede ser estimulante para la autonomía y la autoestima, pero también puede ser un elemento limitante.

Áreas

A continuación, se muestran cada una de las áreas a observar.

Higiene

En muchos ancianos, cuando llegan a la institución, se observan conductas y hábitos inadecuados con respecto a este tema. Unas veces por desconocimiento y otras por problemas derivados de su déficit funcional, como por ejemplo movilidad reducida por la artrosis, otras por la infraestructura del baño y, como se ha venido diciendo, por sobreprotección. Ante esta situación nos encontramos con:

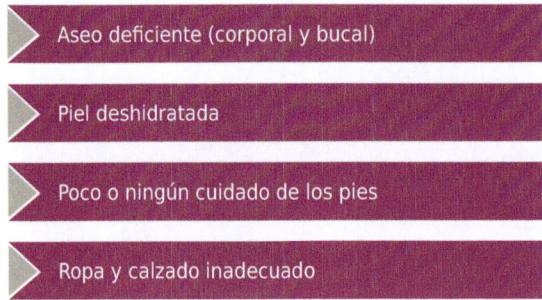

Aseo deficiente (corporal y bucal)

Piel deshidratada

Poco o ningún cuidado de los pies

Ropa y calzado inadecuado

En la institución la intervención irá encaminada a cambiar esos hábitos inadecuados trabajando punto por punto.

_____

Alimentación

En cuanto a la alimentación, las conductas no deseadas que se observan son:

- Desconocimiento del valor nutritivo de los alimentos.
- Negativa a consumir determinados alimentos.
- Consumo escaso de carne, pescado, frutas y verduras.
- Exceso de grasas y de sal en los alimentos.
- Deglución de poco líquido.
- Ingestión insuficiente de productos lácteos.
- Ingesta de alimentos prohibidos a pacientes con algunos trastornos (diabetes, colesterol, ácido úrico, etc.).
- Poca masticación de los alimentos.

Y las estrategias serían:

- Informar sobre la composición de los alimentos y la importancia de los nutrientes para la salud.
- La importancia del consumo de determinados alimentos: lácteos, frutas y verduras.
- Recordarles que beban agua.
- Elogiar la ingesta de alimentos saludables.
- Utilizar el contrato de conducta para eliminar la ingesta de alimentos inadecuados.

⊃ Establecer una rutina: lavarse las manos antes de manipular los alimentos, comer despacio, beber agua con la comida, etc.

Movilidad y ejercicio físico

Es cierto que la falta de ejercicio físico está relacionada con la movilidad. Pero muchas veces el problema es que no le dan importancia a la realización de esta práctica por miedo a las caídas, falta de estimulación, etc.

En función de las patologías que puedan presentar, se propondrá alguna actividad física como caminar (ruta del colesterol), gimnasia de mantenimiento para mayores, etc.

En caso de mucho deterioro físico se pueden realizar ejercicios de movilización articular, estiramientos posturales, etc. Si el enfermo no puede moverse por sí mismo se le realizarán estos ejercicios de forma pasiva.

El momento del ejercicio físico también se puede aprovechar para fomentar el contacto social.

Al principio se puede animar estableciendo una rutina para realizar ejercicio físico aunque esta, de por sí, es una actividad autorreforzante.

Salud mental

Los problemas de salud mental asociados a la edad se encuentran relacionados con:

⊃ Deterioro de las funciones intelectuales (atención, memoria, apatía, falta de motivación).
⊃ Pérdida de seguridad individual y de la autoestima por los problemas relacionados con la salud y con la pérdida de autonomía.
⊃ Aislamiento por la pérdida de la pareja (viudedad), amigos, etc.
⊃ Agravamiento de psicopatologías crónicas como: depresión y otros trastornos previos.

Y las estrategias serían:

⊃ Se puede hacer de la residencia un ambiente rico en estímulos para favorecer la orientación y la memoria. Poner un reloj visible y con números grandes. Colocar calendarios, ordenar cajones. Emplear todos los sentidos, escuchar música, olores, sabores, texturas, etc.

◔ Para trabajar la autoestima y favorecer la realización autónoma de las distintas tareas, es necesario ofrecer un entorno seguro dándole apoyo y confianza a la persona en ella misma.

◔ Fomentar las relaciones sociales participando en los distintos talleres que se realicen en la institución.

Hábitos tóxicos

Los hábitos tóxicos más frecuentes en los mayores, suelen ser:

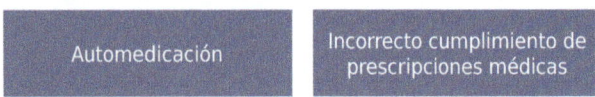

Para modificar estos hábitos se puede hacer control de estímulos; tomar las medicinas antes o después de comer, poner una alarma, utilizar pastilleros (haciendo responsable a la persona usuaria del mantenimiento del mismo).

En casos de gran dependencia serán los profesionales del centro los encargados del suministro de la medicación.

Redes sociales: familia y comunidad

Existen una serie de conductas inadecuadas ante esta situación:

Son dos conductas que afectan mucho a la autonomía personal y a la autoestima.

Las estrategias para trabajar esto serían:

◔ Enseñar algunas habilidades sociales y de comunicación.

◔ Ensayo de conducta, preparación del diálogo, etc.

 **VÍDEO**

A continuación, se presenta un vídeo en el que podrás observar los elementos a tener en cuenta para llevar a cabo una intervención con mayores.

https://redirectoronline.com/uf01300201

Personas discapacitadas físicas y sensoriales

Todos los procedimientos de intervención irán encaminados a:

> Conseguir una mayor calidad de vida.

> Favorecer y mantener aquellas conductas que conlleven una autonomía personal, adaptando el entorno físico para que puedan seguir llevándolas a cabo.

> Tener mucha paciencia, fomentar la autoestima, teniendo siempre en cuenta los hábitos y costumbres de la persona.

> Intervenir con la familia para evitar la sobreprotección.

> Favorecer la correcta higiene, sobre todo si llevan pañal o sondas. Hacerles ver la importancia del cuidado de la piel para prevenir lesiones.

> Utilizar empatía, técnicas de comunicación, asertividad y técnicas para resolver conflictos, cuando existan, con otros familiares o con el propio personal del centro.

Enfermos y encamados

En las personas enfermas y encamadas es fundamental la modificación de conductas para enseñar hábitos saludables.

La importancia de la higiene y alimentación en estas personas es prioritaria. Hay que conseguir que colaboren en la medida de sus posibilidades en el aseo y en la ingesta de alimentos. Siempre hay que reforzar todas las conductas apropiadas, así, también se conseguirá fomentar el sentimiento de competencia y autoestima de los usuarios tanto válidos como asistidos.

Los enfermos con demencia se deben tratar con los cuidados que se verán a continuación:

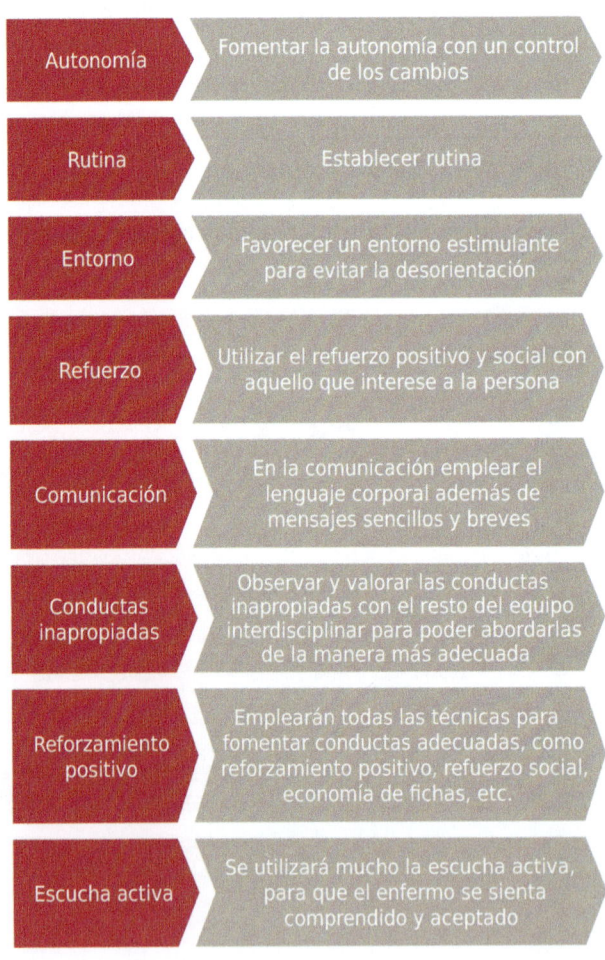

Autonomía	Fomentar la autonomía con un control de los cambios
Rutina	Establecer rutina
Entorno	Favorecer un entorno estimulante para evitar la desorientación
Refuerzo	Utilizar el refuerzo positivo y social con aquello que interese a la persona
Comunicación	En la comunicación emplear el lenguaje corporal además de mensajes sencillos y breves
Conductas inapropiadas	Observar y valorar las conductas inapropiadas con el resto del equipo interdisciplinar para poder abordarlas de la manera más adecuada
Reforzamiento positivo	Emplearán todas las técnicas para fomentar conductas adecuadas, como reforzamiento positivo, refuerzo social, economía de fichas, etc.
Escucha activa	Se utilizará mucho la escucha activa, para que el enfermo se sienta comprendido y aceptado

ACTIVIDAD COMPLEMENTARIA

4. Planifica las actuaciones que llevarías a cabo, como profesional, ante el siguiente caso:

Ramón tiene 77 años, es diabético y sufre una demencia tipo Alzheimer. Vive en una residencia desde que murió su esposa. Ramón presenta desorientación en la institución (se pierde), delirios y alucinaciones, conductas agresivas, alteraciones del sueño y emplea acusaciones injustas.

¿Cómo se debe actuar para cuidar a Ramón en la situación en la que se encuentra?

---

3. Técnicas de resolución de conflictos

 HILO CONDUCTOR

Continuando con el caso de Alfredo, los profesionales ya están trabajando con él. Como método de intervención están utilizando la reestructuración cognitiva, con el objetivo de adaptar los pensamientos negativos que tiene e introducir otros pensamientos más positivistas.

Pero con eso no basta, también hay que mediar en los conflictos que van apareciendo, ya que como se comentó anteriormente, Alfredo es un hombre con carácter, que discute constantemente con otros residentes y con sus propios cuidadores, generando conflicto.

En este sentido, es muy importante aplicar estrategias de resolución de conflictos, y aquí entran en juego las habilidades básicas para una comunicación eficaz, de las que Alfredo carece...

En su origen la palabra conflicto significa choque. El conflicto es un hecho natural en la vida. Hay conflictos entre padres e hijos, hermanos, parejas, parientes, compañeros de trabajo, socios, amigos, etc. e incluso se pueden tener conflictos con uno mismo. Por tanto, lo normal es que en las relaciones personales surjan conflictos.

A continuación veremos qué conflictos podemos encontrarnos en una institución y cómo resolverlos.

3.1. Conflictos que puede encontrarse

En las instituciones de personas dependientes se generan diferentes tipos de conflictos con los que deberá mediar el profesional.

La persona institucionalizada se niega a realizar una actividad

Cuando a las personas se les exige un esfuerzo o se trata de cambiar sus costumbres, muchas veces pueden responder negándose, protestando o enfadándose. En los casos de deterioro cognitivo pueden mostrar enfado, irritabilidad o frustración e incluso agresividad.

 **EJEMPLO**

La persona institucionalizada se niega a realizar una actividad
Luis es un hombre soltero de 75 años que vive en una residencia desde hace un año. Luis está empezando a presentar descuido en su autocuidado personal, no permite que ningún cuidador le ayude en cuanto al aseo y vestuario. También está todo el día muy irritable, creando conflicto con los profesionales del centro y con sus propios compañeros.

Exceso de confianza por parte del usuario

Otros conflictos surgen por el tipo de relación que surge entre el profesional y la persona en situación de dependencia, ya que suele ser muy prolongada en el tiempo y muy íntima.

◁◎▷ EJEMPLO

Exceso de confianza por parte del usuario

Matilde tiene 69 años y vive en una residencia desde que quedó viuda hace un año. Tiene un hijo que va todas las tardes a verla. Matilde padece una hemiplejía desde que hace dos años sufrió un accidente cerebro-vascular. Esto le produjo una gran limitación para la realización de las actividades básicas de la vida diaria. Paqui es la auxiliar que pasa más tiempo con ella en la residencia. Matilde regaña a Paqui, dice que es igual que su hijo, que está un ratito con ella y luego la deja sola. Unas veces le dice que la quiere mucho y otras veces le dice que no vuelva más. Otras veces se pone a llorar o dice que está enferma cuando Paqui termina su trabajo.

Conflictos con los familiares

También pueden surgir conflictos con otros miembros de la familia por disparidad de opiniones.

Conflicto entre familiares

La tensión que genera una situación de dependencia es muy elevada independientemente del tiempo que dure la situación. Al principio puede haber una atención desmesurada por parte de una persona (cuidador principal) y cuando se prolonga en el tiempo puede haber un deterioro físico, psíquico y de las relaciones de familiares. Es importante que el profesional sea consciente de esta circunstancia y que tenga capacidad para enfrentarse a este hecho y poder resolverlo.

La tensión y los conflictos surgen a medida que se dilata la situación dependencia en el tiempo.

3.2. Fuente de los conflictos

Los conflictos entre las diferentes personas pueden variar según:

La subjetividad de la percepción
- Cada persona capta la realidad de un modo diferente.

Si la información es completa o incompleta
- En el caso de que sea incompleta se emiten juicios y opiniones conociendo solo una parte de los hechos.

Los problemas de comunicación
- Una cosa es lo que se quiere decir y otra la que se dice; el entorno puede interferir (ruidos, distancia entre la persona que habla y la que escucha, etc.). Por parte de la persona que escucha también se producen problemas, una cosa es lo que recibe y otra lo que interpreta.

Las diferencias de caracteres
- Estas diferencias pueden desembocar en conflicto si no se encuentra un punto común.

Si hay personas que pretenden igualar a los demás con ellas mismas
- Dificultad de aceptar a las personas tal y como son, sin juzgarlas.
- Estas diferencias pueden desembocar en conflicto si no se encuentra un punto común.

3.3. Cómo manejar los conflictos adecuadamente

Para poder manejar los conflictos adecuadamente es necesario tener en cuenta una serie de **actitudes** que se describen a continuación:

⊃ Aceptar que se puede **aprender** de los conflictos, ya que son parte de la vida, estimulan el desarrollo, favorecen el progreso y los cambios.
⊃ Los conflictos más que evitarlos hay que **afrontarlos.**
⊃ Los conflictos no se deben a la mala voluntad de la gente sino a la **diferencia de las personas.**

- ⊃ Aprender a dialogar, a escuchar activamente y a empatizar (ponerse en la piel del otro).
- ⊃ Distinguir entre **discusión** y **polémica.** Aceptar que quien dialoga asume el riesgo de ser persuadido y de tener que cambiar sus ideas o actitudes.
- ⊃ Tener la actitud mental de que un conflicto se resuelve mejor con el *todos ganamos* que con el *ganar-perder*.
- ⊃ Encauzar la **agresividad** evitando los dos extremos: reprimir o explotar. Hay que dar la oportunidad a que se produzcan desahogos expresando los propios sentimientos.

3.4. Habilidades básicas para resolver conflictos

La comunicación juega un papel fundamental en la resolución de conflictos y por ello vamos a dedicar este apartado a profundizar en ella, así como en las habilidades básicas fundamentales para una comunicación eficaz.

Tipos de comunicación

La **comunicación** es el acto mediante el cual un individuo establece con otro un contacto que le permite transmitir una información. En la comunicación intervienen diversos elementos que pueden facilitar o dificultar el proceso.

Es importante aprender a entenderse bien con los demás para mejorar las relaciones interpersonales.

La **comunicación eficaz** entre dos personas se produce cuando el que escucha interpreta el mensaje tal y como quería el que habla.

Hay dos tipos de comunicación:

Comunicación verbal	Comunicación no verbal
- Oral (palabras que decimos) - Escrita (palabras escritas)	- Paralingüística (tono, volumen, ritmo...) - Kinesia (postura, gestos, expresiones faciales, miradas...) - Proxémica (distancia personal social)

A pesar de la importancia que se le da a la comunicación verbal entre un 65 % y un 80 % del total de nuestra comunicación con los demás la realizamos a través de canales no verbales. Para comunicarse eficazmente los mensajes verbales y no verbales deben coincidir. Muchas dificultades en la comunicación se producen cuando las palabras se contradicen con la conducta no verbal.

 EJEMPLO

Un hijo le entrega un regalo a su padre por su cumpleaños y este con una expresión de decepción dice: "Gracias, es justo lo que quería".

- -

Técnicas de comunicación eficaz

Algunas de las **estrategias** que se pueden emplear son:

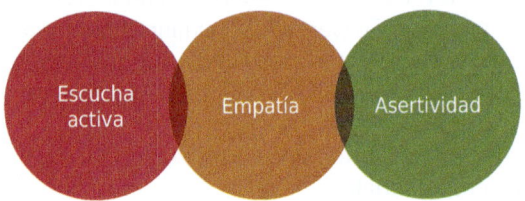

Escucha activa

Uno de los principios más importantes y difíciles de todo el proceso comunicativo es el saber **escuchar.**

 **DEFINICIÓN**

Escuchar
Entender, comprender o dar sentido a lo que se oye.

- -

La **escucha activa** se refiere a la habilidad de escuchar no solo lo que la persona está expresando directamente, sino también los sentimientos, ideas o pensamientos que subyacen a lo que se está diciendo. Para llegar a entender a alguien se precisa también de cierta empatía, es decir, saber ponerse en el lugar de la otra persona.

La escucha activa es un aspecto muy importante dentro de las funciones del profesional de atención a personas dependientes.

Los **elementos** que facilitan la escucha activa son:

> Disposición psicológica: prepararse interiormente para escuchar.

> Observar al otro: identificar el contenido de lo que dice, los objetivos y los sentimientos.

> Expresar al otro que le escuchas con comunicación verbal (ya veo, umm, uh, etc.) y no verbal (contacto visual, gestos, inclinación del cuerpo, etc.).

A continuación, se detallan algunas habilidades para la escucha activa:

Mostrar empatía
- Escuchar activamente las emociones de los demás es tratar de meternos en su pellejo y entender sus motivos. Es escuchar sus sentimientos e intentar entender lo que siente esa persona.

Parafrasear
- Explicar con las propias palabras lo que parece que el emisor acaba de decir. Ayuda a comprender lo que el otro está diciendo y permite comprobar si se está entendiendo lo que se dice. Un ejemplo de parafrasear puede ser: "Entonces, según veo, lo que pasaba era que...", "¿Quieres decir que te sentiste...?".

Emitir palabras de refuerzo o cumplidos
- Pueden definirse como verbalizaciones que refuerzan su discurso al transmitir que uno está de acuerdo o comprende lo que se acaba de decir. Ejemplos serían: *Me encanta hablar contigo, Bien, umm* o *¡Estupendo!*.

Resumir
- Para informar a la otra persona de lo que se está comprendiendo, o de la necesidad de mayor aclaración. Expresiones de resumen serían:
  - "Si no te he entendido mal...".
  - "O sea, que lo que me estás diciendo es...".
  - "A ver si te he entendido bien....".

Empatía

La empatía es la **capacidad de entender los pensamientos y emociones ajenas, de ponerse en el lugar de los demás** y compartir sus sentimientos. No es necesario pasar por las mismas vivencias y experiencias para entender mejor a los demás, sino ser capaces de captar los mensajes verbales y no verbales, que la otra persona quiere transmitir, y hacer que se sienta comprendida de manera única y especial.

La empatía se desarrolla en primer lugar dentro de la familia, conociendo y comprendiendo a los demás.

La capacidad para la empatía empieza a desarrollarse en la infancia. Los padres son los que cubren las necesidades afectivas de los hijos y los que les enseñan, no solo a expresar los propios sentimientos, sino también a descubrir y comprender los de los demás.

La empatía se desarrolla cuando las necesidades afectivas y emocionales han estado cubiertas desde los primeros años de vida.

Actitudes que dificultan la empatía

Hay personas a las que se recurre para buscar apoyo y otras de las que se evade a la hora de querer compartir sentimientos. Existe una serie de barreras que suelen impedir este acercamiento. Estas son:

> Tendencia a quitarle importancia a lo que le preocupa al otro e intentar ridiculizar sus sentimientos.

> Escuchar con prejuicios y dejar que nuestras ideas y creencias influyan a la hora de interpretar lo que les ocurre.

> Juzgar y acudir a frases del tipo "lo que has hecho está mal", "de esta forma no vas a conseguir nada", "nunca haces algo bien"…

Continúa en página siguiente >>

<< Viene de página anterior

> Sentir compasión

> Ponerse como ejemplo por haber pasado por las mismas experiencias.

> Intentar animar sin más con frases como "con ánimo en esta vida todo se supera"; dar la razón y seguir la corriente, etc.

Todo esto, lo único que hace es bloquear la comunicación e impedir que se produzca una buena relación empática.

Las personas que están excesivamente pendientes de sí mismas tienen más dificultades para pensar en los demás y ponerse en su lugar.

Estrategias para desarrollar la empatía

Es evidente que hay personas que por diversas razones tienen mucha capacidad empática y sin embargo, otras, poseen enormes dificultades para entenderse con la gente y ponerse en su lugar.

En cualquier caso, conviene saber que las habilidades empáticas se pueden potenciar y desarrollar:

Hacer preguntas abiertas para ayudar a continuar la conversación y hacer ver a la otra persona que estamos interesados por lo que cuenta.

Intentar avanzar lentamente en el diálogo, de esta forma, estamos ayudando a la otra persona a que tome perspectiva de lo que le ocurre, dejamos que los pensamientos y sentimientos vayan al unísono y nos da tiempo de asimilar y reflexionar sobre el tema.

Tener toda la información antes de opinar y asegurarse de que se ha escuchado e interpretado bien lo que quería decir.

Continúa en página siguiente >>

<< Viene de página anterior

No aconsejar sino hacerle saber que se le entiende.

Cuando se opine es muy importante hacerlo de forma constructiva, ser sinceros y procurar no herir con los comentarios.

Ser respetuoso con los sentimientos y pensamientos de la otra persona y aceptar abiertamente lo que cuenta.

Aceptar las diferencias con los demás, ser tolerantes y tener paciencia con los demás y con uno mismo.

Asertividad

La asertividad es una habilidad personal que nos **permite expresar nuestros sentimientos, deseos, opiniones y pensamientos,** en el momento oportuno, de la forma adecuada y sin negar ni desconsiderar los derechos de los demás. Es una manera de llegar a conseguir los objetivos que nos proponemos sin sentirnos incómodos por ello ni incomodar a los demás.

Emplear la asertividad es saber pedir, saber negarse, negociar y ser flexible para poder conseguir lo que se quiere, **respetando los derechos del otro** y expresando nuestros sentimientos de forma clara. La asertividad consiste también en hacer y recibir cumplidos, y en hacer y aceptar quejas.

La persona que practica la asertividad en sus relaciones, se vuelve más estable emocionalmente y más conforme consigo misma.

Existen tres **estilos de conducta:**

La conducta pasiva	La conducta agresiva	La conducta asertiva
- Es cuando la persona deja de lado sus propios derechos y antepone los de los demás. De esta manera intenta que no se produzca un conflicto y/o evita pasar un mal momento. La persona pasiva se siente incomprendida, manipulada, con sentimientos de culpa, depresión, baja autoestima, etc.	- Es cuando la persona antepone y defiende sus derechos de una manera ofensiva, deshonesta y/o inapropiada, pasando por encima de los derechos de los demás. La persona agresiva se siente superior.	- Está entre las dos anteriores pues expresa sus deseos y derechos respetando a los demás.

SABÍAS QUE...

La asertividad es una habilidad que se puede aprender y por lo tanto se puede entrenar.

Observa las diferentes respuestas que pueden darse en cada estilo:

Respuesta Asertiva	Respuesta Pasiva	Respuesta Agresiva
A NIVEL VERBAL		
- "Me siento... cuando tú te comportas...." (hechos). - "Yo creo, yo pienso, yo me siento...." (primera persona). - "Comprendo que tú.... pero yo....". - "¿Qué piensas?". - "¿Qué te parece?". - "¿Tú qué opinas?". - "A mí me gustaría...".	- "No importa". - "Como tú prefieras". - "Bueno...". - "¿Te enfadas si...?". - "¿Te molestaría mucho que...?", "¿Puedo...?".	- "Por tu culpa...". - "Más te vale...". - "Eres...", "Pareces...", etc. (críticas en segunda persona). - "Deberías...", "Tienes que...".

Continúa en página siguiente >>

<< Viene de página anterior

Respuesta Asertiva	Respuesta Pasiva	Respuesta Agresiva
A NIVEL NO VERBAL		
- Mantenimiento de la mirada. - Tono de voz firme, pero no elevado. - Postura corporal erecta, mirada directa, movimientos corporales serenos. - Asentimientos hacia los argumentos de los demás.	- Desviación de la mirada. - Titubear. - Bajar el tono de voz. - Postura corporal de indefensión. - Expresión facial de miedo y/o duda, movimientos corporales nerviosos o inapropiados, etc.	- Mirada fija, agresiva, amenazante. - Tono de voz elevado. Postura corporal tensa. - Gestos enérgicos y amenazantes. - Enfrentamiento. - Habla rápida.

¿Cómo poner en práctica la asertividad?

En las **fases de preparación** para la asertividad se encuentran dos principales, la **fase personal** que es necesaria para tener claro de qué se quiere hablar sin juzgar a la otra persona. Y la **fase del diálogo,** en la que encontramos:

Describir los hechos concretos
- Cuando se describen los hechos que han ocurrido el otro no puede negarlos. En este punto se tiene que evitar hacer juicios de intenciones. No se trata de decir "eres un vago" sino decir, "vengo observando que te levantas desde hace ya varias semanas a la hora de comer".

Manifestar los propios sentimientos y pensamientos
- Se trata de comunicar de forma contundente y clara cómo le hace sentir aquello que ha ocurrido y qué juicio moral o de pensamiento le despierta. Es el momento de decir "esta situación es insostenible y no la soporto más".

Pedir de forma concreta y operativa lo que quiere que haga la otra persona
- No se trata de hablar de forma general o genérica "quiero que seas más educado", "quiero que me respetes" "quiero que no seas vago"; sino que hay que ser concreto y operativo: "quiero que cuando hablo me mires a los ojos y contestes a lo que te pregunto". Son conductas concretas que el otro puede entender y hacer.

Continúa en página siguiente >>

<< Viene de página anterior

Especificar las consecuencias
- Es decir, aquello que va a ocurrir cuando haga lo que se le
  ha pedido.

 EJEMPLO

Un amigo llega a cenar pero una hora más tarde de lo que había dicho. No ha llamado para avisar de que se retrasaría. Tú estás irritado por la tardanza. Tienes tres alternativas.

Conducta pasiva
Saludarle como si tal cosa y decirle "Entra, la cena está en la mesa".

Conducta agresiva
"Me has puesto muy nervioso llegando tarde. Es la última vez que te invito".

Conducta asertiva
"He estado esperando durante una hora sin saber lo que pasaba (hechos)".

"Me he puesto nervioso e irritado por esta situación (sentimientos)".

"Si otra vez te retrasas avísame (conducta concreta), harás la espera más agradable (consecuencias)".

Técnicas para ser asertivo

Para ser una persona asertiva hay que aprender a evitar la manipulación. Hay una serie de técnicas que han demostrado ser útiles para conseguirlo.

A continuación, se verás algunas de las técnicas útiles para llegar a ser asertivo:

➲ **Aserción positiva.** Dentro de la aserción positiva se pueden incluir conductas como:

- **Dar y recibir halagos:** *te queda muy bien ese pantalón; me gusta cómo te queda ese corte de pelo.*
- **Ser capaz de ser reforzantes con los demás:** *te felicito por lo bien que lo has hecho; hace falta mucho valor para hacer esto.*
- **Expresar el afecto positivo:** *te quiero; me gustas.*

➲ **Aserción negativa.** Dentro de la aserción negativa se pueden encontrar conductas como:

- **Decir que no:** *no me apetece salir fuera a cenar esta noche; lo siento, pero no me gusta dejar el coche a otras personas.*
- **Expresar sentimientos negativos:** *me duele cuando te comportas así; me siento defraudado.*
- **Admitir críticas:** *háblame más de eso que te ha molestado.*
- **Pedir cambio:** *me gustaría que cuando te exprese mis sentimientos me miraras a los ojos, para sentir que estás escuchándome.*
- **Expresar opiniones impopulares:** *yo no creo que exista un Dios.*

➲ **Técnica del banco de niebla.** Consiste en reconocer serenamente la posibilidad de que haya parte de verdad en lo que dice nuestro crítico, reservándonos nuestro derecho a ser nuestro propio juez en cuanto a nuestro comportamiento.
Puede que lleves razón, pero...; sí, pero...; sí, lo sé, pero mi punto de vista es...; estoy de acuerdo, pero...

➲ **Técnica del disco rayado.** Repite tu punto de vista con tranquilidad sin dejarte ganar por aspectos irrelevantes. *Lo que yo quiero decir es que...,* y se retoma el diálogo en el punto en que se es interrumpido, o se repite desde el principio.

➲ **Técnica del acuerdo asertivo.** Responde a la crítica admitiendo que te has equivocado, pero separándolo del hecho de ser una buena o mala persona.
Sí, se me olvidó que había quedado en avisarte. Normalmente suelo ser más responsable.

➲ **Pregunta asertiva.** Consiste en incitar a la crítica para conseguir información que podrá usarse en los argumentos.
Comprendo que no te guste el modo en que actué el viernes en la reunión. ¿Qué es lo que te molesta de mí que hace que no te guste?

➲ **Técnica para procesar el cambio.** Desplaza el foco de la discusión hacia el análisis de lo que ocurre entre tú y tu interlocutor. Deja aparte el tema de la discusión.
Nos estamos saliendo del tema. Vamos a acabar hablando de cosas ya pasadas. Me parece que estás enfadado.

➲ **Técnica de ignorar.** Ignora el motivo por el que la otra persona está enfadada. Aplaza la discusión hasta que se calme.

...veo que estás muy nervioso y enfadado, ya hablaremos luego.

- **Ironía asertiva.** Responde positivamente a la crítica hostil. Si te dicen: *Eres un sinvergüenza*, contesta con un: *Gracias*.
- **Aplazamiento asertivo.** Aplaza la respuesta a la afirmación que te están desafiando hasta que te sientas tranquilo, relajado y capaz de responder de forma apropiada.
Prefiero no hablar de eso ahora.
- **Quebrantamiento del proceso.** Responde con una sola palabra o con frases concisas a la crítica que intenta provocarte.
Sí,... no... quizás.

 **RECUERDA**

Antes de desarrollar una conducta asertiva, ten claro que el estilo agresivo y el pasivo no sirven para conseguir lo que se desea.

Lo que mejora la comunicación

Los aspectos que pueden mejorar la comunicación serían:

- No **criticar** a la persona, sino **lo que hace:** *te has vuelto a olvidar de sacar la basura. Últimamente te olvidas mucho de las cosas.*
- **Discutir los temas de uno en uno,** no aprovechar que se está discutiendo, por ejemplo, sobre la impuntualidad de la pareja, para reprocharle de paso que es un despistado, y que no es cariñoso.
- **No acumular las emociones negativas sin comunicarlas,** ya que producirían un estallido que conduciría a una hostilidad destructiva.
- **No hablar del pasado.** El pasado solo debe sacarse para utilizarlo de modelo cuando ha sido bueno e intentamos volver a poner en marcha conductas positivas quizá algo olvidadas.
- **Ser específico.** Ser específico, concreto y preciso es una de las normas principales de la comunicación.
- **Evitar las generalizaciones.** Los términos "siempre" y "nunca" raras veces son ciertos y tienden a formar etiquetas. Es diferente decir: últimamente te veo algo ausente, siempre estás en las nubes.
- **Ser breve.** Hay que recordar que: "Lo bueno, si breve, dos veces bueno".
- **Cuidar la comunicación no verbal.** Para ello, tendremos en cuenta lo siguiente:

◔ **Comunicación no verbal.** Debe ir acorde con la verbal. Decir *ya sabes que te quiero* con cara de fastidio dejará a la otra persona peor que si no se hubiera dicho nada.

◔ **Contacto visual.** Es la cantidad de tiempo que se está mirando a los ojos de la otra persona. El contacto visual debe ser frecuente pero no exagerado.

◔ **Afecto.** Es el tono emocional adecuado para la situación en la que se está interactuando. Se basa en índices como el tono de voz, la expresión facial y el volumen de voz (ni muy alto ni muy bajo).

➲ Elegir el lugar y el momento adecuados:

◔ El **ambiente:** el lugar, el ruido que exista, el nivel de intimidad, etc.

◔ Si se va a **criticar** o pedir explicaciones se debe esperar a estar a solas con el interlocutor.

◔ Si va a **elogiarlo** será bueno que esté con su grupo u otras personas significativas.

◔ Si ha comenzado una discusión y ve que se le escapa de las manos o que no es el **momento** apropiado utilice frases como: *si no te importa podemos seguir discutiendo esto en... más tarde.*

SABÍAS QUE...

La comunicación no verbal es fundamental para convencer a los demás de lo que se dice, y es importante para expresar de una manera adecuada el estado de ánimo que se tiene.

ACTIVIDAD COMPLEMENTARIA

5. Reflexiona sobre el caso que se expone a continuación:

   Andrés tiene 85 años y vive con su esposa Remedios de 80 en una residencia. Andrés tiene un déficit auditivo. Remedios discute mucho con su marido porque dice que no le hace caso, que siempre ha ido a lo suyo, que es un viejo egoísta y desconsiderado. Cuando se dirige a él no lo mira a la cara.

Continúa en página siguiente >>

[97]

<< Viene de página anterior

Indica las conductas inapropiadas que observas, así como las posibles soluciones.

---

4. Procedimientos y estrategias de modificación de conducta

☞ **HILO CONDUCTOR**

A la misma residencia en la que se encuentra Alfredo, el cual parece ser que va mejorando poco a poco, ha llegado Natalia, una mujer viuda de 79 años, que se niega a realizar cualquier tipo de actividad, desde asearse hasta participar en actividades grupales.

Tras el fallecimiento de su marido, se siente muy sola, dice que sus hijos no quieren cuidar de ella, y por eso está en una residencia. El cambio le está costando mucho, no quiere hablar con nadie, ni siquiera con su hijo que va a verla cada tarde.

Por este motivo, hay que aplicar técnicas de modificación de conducta, ya que Natalia no puede seguir así, los profesionales deben reforzar aquellas conductas necesarias para la adquisición de hábitos de autonomía personal, eliminando con ello los comportamientos inadecuados, que hacen que Natalia se aísle y se vuelva totalmente dependiente para las actividades de la vida diaria.

Como se ha comentado anteriormente, uno de los objetivos que se pretende conseguir es el fomento de la autonomía personal, favoreciendo que la persona dependiente sea capaz de hacer por sí misma todo lo que pueda.

Para ello, hay que trabajar con estas personas, fomentar la adquisición de conductas nuevas y eliminar aquellas que sean inadecuadas.

Existe una serie de técnicas, denominadas "técnicas de modificación de conducta", que nos ayudarán a conseguir dichos objetivos. Se trata de un conjunto de estrategias que ayudan a eliminar los comportamientos inadecuados, a la vez que enseñan y refuerzan las conductas necesarias para la adquisición de hábitos de autonomía personal.

Eysenck define la terapia de modificación de conducta de la siguiente forma:

Es el intento de cambiar el comportamiento humano y las emociones de manera benéfica con base en las leyes del aprendizaje.

DEFINICIÓN

Conducta humana
Acción que realiza un ser humano como fruto del aprendizaje.

EJEMPLO

Los bebés pueden hacer un número limitado de cosas y al ir creciendo aumenta el número de acciones que pueden hacer.

El **objetivo** es cambiar hábitos que se consideran inadaptados o indeseables.

La conducta humana, además de ser aprendida, es el resultado de la interacción constante del ser humano con su entorno.

Cuando en el proceso de aprendizaje un acto va seguido de una recompensa tiende a repetirse, cuando va seguido de un castigo tiende a disminuir. Cuando una persona aprende una conducta lo que hace que esta se mantenga, se debilite o desaparezca son las consecuencias que le siguen.

👁 EJEMPLO

Concha tiene 70 años y vive en una residencia. Hace ganchillo porque quiere hacerle a su hija Inmaculada una colcha. Su hija la elogia cada vez que va a verla y comprueba el avance de la colcha, le dice lo bonita que le está quedando. Inmaculada está reforzando la conducta de su madre y eso hace que la conducta se repita.

4.1. ¿Cómo aprende el individuo?

Existen diferentes métodos por los que el individuo adquiere un aprendizaje:

Observación	Imitación
- Se aprende al ver los efectos positivos o negativos que produce la realización de la conducta en otro individuo sin tener que experimentarla. Ejemplo: meter los dedos en un enchufe.	- Se aprende de los modelos más próximos, primero por observación y luego por repetición. Ejemplo: vestirse, comer, etc.

4.2. Técnicas de modificación de conducta

Las actividades básicas e instrumentales de la vida diaria (ABVD, AIVD) hacen referencia a las habilidades de cuidado personal y relación con el entorno más próximo. Son de gran importancia para la autonomía y el bienestar de las personas (autoconfianza y autoestima).

En las instituciones unas veces te encontrarás con personas con unos comportamientos que tendrán que cambiarse, otras veces será necesario implantar una conducta (que debería darse y que no se da) y en otras ocasiones, el objetivo será eliminar comportamientos negativos.

Además de tu experiencia personal, hay unas técnicas de la Psicología que te pueden ayudar en tu quehacer diario. Son las técnicas de modificación de conducta.

Las **técnicas de modificación de conducta** se basan en el principio de que el comportamiento es aprendido. El aprendizaje es fruto de la relación de la persona con el medio y del esfuerzo de los tutores:

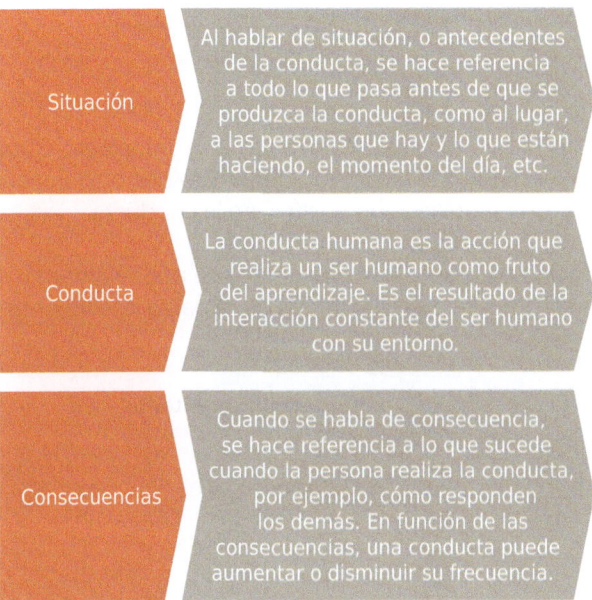

Situación

Al hablar de situación, o antecedentes de la conducta, se hace referencia a todo lo que pasa antes de que se produzca la conducta, como al lugar, a las personas que hay y lo que están haciendo, el momento del día, etc.

Conducta

La conducta humana es la acción que realiza un ser humano como fruto del aprendizaje. Es el resultado de la interacción constante del ser humano con su entorno.

Consecuencias

Cuando se habla de consecuencia, se hace referencia a lo que sucede cuando la persona realiza la conducta, por ejemplo, cómo responden los demás. En función de las consecuencias, una conducta puede aumentar o disminuir su frecuencia.

Todo lo que hace aumentar la frecuencia de una conducta se llama **refuerzo.**

Reforzamiento positivo

El reforzamiento positivo tiene lugar cuando se asocia una conducta a una consecuencia y, al presentarse esta, la conducta aumenta o se mantiene. En este caso, se trata de una **consecuencia agradable que se obtiene tras la realización de una conducta.**

 **IMPORTANTE**

Hay que tener en cuenta que las consecuencias que refuerzan a una persona pueden no reforzar a otra. Los reforzadores dependen de las preferencias personales. Si a ti no te gusta el dulce el chocolate no será un reforzador.

 **EJEMPLO**

Un niño que generalmente obtiene como notas en la escuela 4 y 5, probablemente será reforzado por un 6. Sin embargo, un niño acostumbrado a sacar 9 y 10, probablemente considera el 6 como un castigo.

En el aprendizaje inicial el refuerzo ha de ser inmediato. Cualquier respuesta nueva se aprende con mayor rapidez si el refuerzo aparece inmediatamente después de la modificación positiva de la conducta.

Cuando una conducta está implantada se puede entrenar retrasando la recompensa. En este caso hablamos de refuerzo intermitente.

Refuerzo intermitente

 **DEFINICIÓN**

Refuerzo intermitente
Consiste en reforzar la conducta de vez en cuando, como sucede en la vida real. Se emplea cuando la conducta ya está aprendida.

La persona puede aprender a reforzarse a sí misma (autorrefuezo). En última instancia una persona madura sabe qué metas desea alcanzar y se siente internamente complacida con sus propias actividades.

El aumento de la propia **competencia** actúa por sí misma como reforzador. Una de las maneras de alcanzar mayor autonomía consiste en aprender a dominar los problemas por uno mismo. Todos estamos dispuestos a adquirir nuevas habilidades.

 ## SABÍAS QUE...

Se pueden combinar varios reforzadores en el mismo sujeto ya que el uso reiterado de un mismo reforzador puede reducir su eficacia.

Reforzamiento negativo

El reforzamiento negativo consiste en la **desaparición o no presentación de un estímulo o consecuencia desagradable** cuando se ejecuta una determinada conducta. Al eliminar esta consecuencia desagradable se produce una sensación placentera.

A diferencia del refuerzo positivo, la conducta no viene seguida de una recompensa sino de la desaparición de un estímulo desagradable.

Su aplicación, al igual que ocurre en el reforzamiento positivo, puede ser continua o intermitente, aunque se aconseja que al principio se aplique lo antes posible tras la ejecución de la conducta para después ir reduciendo su aplicación.

La extinción

Se utiliza para reducir la frecuencia de una conducta no deseable, ignorándola cuando se produce. La extinción se produce porque **la conducta no obtiene ningún tipo de refuerzo o recompensa.** Una persona puede abandonar una conducta cuando está cansado de ella y de sus "recompensas".

Cuando empieza a emplearse esta técnica, lo normal es que la conducta indeseada se dé más veces. Este es un periodo crítico, porque se piensa que se está empeorando el problema. Es importante no darse por vencido. Con constancia, al final la conducta anómala comienza a desaparecer. Este proceso puede durar más de dos semanas.

NOTA

El resultado de esta técnica no es inmediato.

Existen diferentes **casos en los que puede ser eficaz la extinción:**

Cuando se pueden controlar todos los factores de refuerzo más significativos.

Cuando la conducta es relativamente inocua en sí misma.

Ciertas conductas indeseables resultan molestas pero no particularmente dañinas para la persona que las realiza. La eliminación del refuerzo que sigue a la conducta indeseable constituye una manera eficaz de poner término a esa conducta.

 **EJEMPLO**

Cuando un enfermo se pone agresivo verbalmente lo mejor es ignorarlo.

El castigo

El castigo tiene dos modalidades, que se usarán dependiendo de las circunstancias y del individuo:

Castigo positivo	Castigo negativo
- En el castigo una consecuencia aversiva, como puede ser una reprimenda, sigue inmediatamente a la realización de una conducta que se considera inadecuada o no deseable. - El castigo positivo se aplica en determinadas situaciones para corregir conductas agresivas.	- El castigo negativo consiste en retirar un refuerzo positivo o algo agradable tras la ejecución de una conducta no deseada, con el objetivo de que esta se reduzca o desaparezca.

El moldeado

Se entiende por moldeado el **reforzamiento sistemático de las aproximaciones sucesivas a la conducta-objetivo.**

En el moldeado se suelen emplear dos técnicas ya enunciadas:

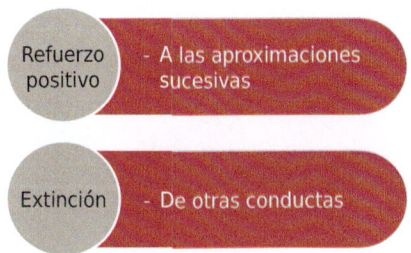

Refuerzo positivo
- A las aproximaciones sucesivas

Extinción
- De otras conductas

Se utiliza sobre todo para **implantar conductas que no tiene el sujeto en su repertorio** o que existen, pero de manera muy rudimentaria.

En la aplicación de esta técnica hay que tener especial cuidado en definir con claridad los objetivos y los pasos intermedios para que no haya dudas respecto a qué conductas se va a aplicar el reforzamiento o qué conductas van a estar bajo el procedimiento de extinción.

En conductas complejas puede ser necesario comenzar el procedimiento de moldeado con incitaciones, guía física o ejemplificación. Estas ayudas iniciales se retiran tan pronto como ocurre la conducta sin necesidad de ellas.

El modelado

El modelado es un proceso de aprendizaje basado en la **observación de un modelo cuya conducta se considera adecuada.**

Es un proceso de aprendizaje observacional en el que la conducta de un individuo (el modelo) actúa como estímulo para generar conductas, pensamientos o actitudes semejantes en otras personas que observan la actuación del modelo.

El encadenamiento

El encadenamiento consiste en la formación de una conducta compleja a partir de otras más sencillas que el individuo ya posee en su repertorio.

Suelen emplearse en el desarrollo de habilidades de autonomía personal, como vestirse, hacer de comer, etc.

Economía de fichas

La economía de fichas es una modalidad especial de reforzamiento positivo.

 **DEFINICIÓN**

Ficha

Es un objeto, un bono, un papel firmado, etc., que se puede cambiar por cosas materiales o actividades que tienen valor reforzador para el individuo. Estas fichas se seleccionarán de acuerdo con las preferencias de los sujetos que van a recibir el programa.

Las reglas de funcionamiento deben quedar muy claras, antes de que comience el programa. Se deben definir de modo preciso, las conductas que ganan fichas y cómo se pueden gastar esas fichas, y las conductas por las que se pierden fichas. Hay que llevar una contabilidad con las fichas ganadas cada día, las fichas gastadas, las fichas perdidas y las acumuladas.

El método de economía de fichas es un reforzador de las conductas positivas del sujeto.

Contratos de conducta

Es un acuerdo negociado (mejor por escrito) en el que se indican las condiciones bajo las cuales los individuos implicados en el contrato van a regular sus conductas respecto a las otras personas que intervienen en el contrato.

Esta técnica se basa en un **reforzamiento recíproco.** Sirve para disminuir la hostilidad recíproca que acompaña a las relaciones interpersonales problemáticas.

 **RECUERDA**

Las técnicas de modificación de conductas ayudan a implantar conductas nuevas, a mantener aquellas que son apropiadas y a que desaparezcan aquellas que no son beneficiosas para la persona.

Feedback

Es la **información que se da a una persona después de que haga la conducta** que queremos. Se le dice cómo ha ejecutado dicha conducta.

Si esta información se le da inmediatamente después de la realización de la conducta la efectividad del *feedback* es mayor.

Existen dos tipos de *feedback:* el **positivo** y el **negativo.** El primero indica todo lo que ha hecho correctamente, el segundo, por el contrario, expresa los aspectos defectuosos de la conducta.

Conviene iniciar la comunicación con *feedback* positivo para comentar posteriormente los aspectos mejorables.

Otro de los enfoques más utilizados actualmente es el **apoyo conductual positivo.** El objetivo principal es disminuir las conductas que se presentan como problemáticas, y para ello se plantean conductas alternativas que resultan más eficaces y funcionales. Las bases de este planteamiento se centran en la modificación del entorno y/o de las carencias que pueda presentar la persona en sus habilidades.

El apoyo conductual positivo se fundamenta en la idea de que la persona lleva a cabo una conducta porque consigue algún beneficio de la misma. Si esta conducta es problemática, habrá que plantear otra diferente con la que pueda obtener mayor función o recompensa para ir cambiando paulatinamente una por otra. Para ello, es necesario entender el contexto al que va a estar ligado la conducta, los intereses y valores de la persona y la propia conducta con su finalidad.

 ACTIVIDAD COMPLEMENTARIA

6. Reflexiona sobre la intervención que llevarías a cabo como profesional si te encontraras en el caso que se expone a continuación:

   Pepa es una usuaria del centro que juega todas las tardes a las cartas y al dominó con otros compañeros. Al finalizar, siempre se marcha a su habitación sin recoger ninguno de los juegos, dejando esta función a sus compañeros o los profesionales de la Institución.

   Indica la intervención a realizar.

5. Comportamientos en grupo

☞ HILO CONDUCTOR

Alfredo, gracias al trabajo y cuidado de los profesionales, está mucho más integrado en la residencia, apenas discute ya con otros usuarios, de hecho, está comenzando a participar en actividades grupales sin generar conflicto alguno.

Ahora, parece ser que por fin se ha adaptado, sus relaciones sociales dentro de la residencia están creciendo, dando lugar a la constitución de su propio grupo, gracias al cual se siente activo, lo cual es beneficio para él en todos los sentidos.

En una institución conviven personas con diferentes características y con distinto grado de dependencia, las cuales van a interactuar entre sí en su día a día, con lo que se hace inevitable la constitución de grupos.

El trabajo en grupo que se lleva a cabo en una institución promueve la participación activa de la persona dependiente y proporciona beneficios personales, sociales y afectivos, gracias a la interacción con otras personas.

A continuación, veremos algunos conceptos teóricos relacionados con el grupo.

5.1. Definición de grupo

El concepto de grupo y su relación con la sociedad varía desde la perspectiva de cada autor que lo plantee; Spencer percibe la sociedad como algo más que el agregado de sus miembros. Durkheim menciona que, por un lado, el grupo es quien presiona a los individuos para actuar en ciertos sentidos y, por otro, contribuye a la estabilización de su situación personal.

Por lo que podemos **definir grupo** al conjunto de personas que comparten un interés objetivo en común e interactúan para alcanzarlo; de igual manera, llamamos grupo al conjunto de personas que poseen una relación recíproca y continua. Es importante mencionar que, además de la interacción de sus miembros, los grupos deben estar organizados y deben poseer valores comunes y cumplen objetivos.

Cada sujeto realiza una aportación al grupo con su persona, siendo la suma de estos el resultado de un grupo social.

Otras definiciones de grupo son:

Un grupo es un conjunto de personas entre quienes existe un conjunto de relaciones definibles y observables.

Un grupo es una pluralidad de individuos que se relacionan entre sí, con un cierto grado de interdependencia, que dirigen su esfuerzo a la consecución de un objetivo común con la convicción de que juntos pueden alcanzar este objetivo mejor que de forma individual.

Un grupo social llamado también grupo orgánico, es el conjunto de personas que desempeñan roles recíprocos dentro de la sociedad. Este puede ser fácilmente identificado, tiene forma estructurada y es duradero. Las personas dentro de él actúan de acuerdo con unas mismas normas, valores y fines acordados y necesarios para el bien común del grupo. Por su parte, el sociólogo Bottomore , T. B. dice:

Un grupo social puede ser definido como un agregado de individuos en el que existen relaciones definidas entre los individuos que lo componen y cada uno de ellos es consciente del grupo y de los símbolos.

5.2. Características del grupo

Algunas de las características que se encuentran en cualquier grupo son:

La identificación
- Debe ser identificable por sus miembros y por los que no lo son.

La estructura
- Cada integrante ocupa una posición que se relaciona con las posiciones de los otros.

Los roles
- Cada miembro participa desempeñando sus roles sociales.

La interacción
- Las acciones recíprocas son las que permiten el funcionamiento del mismo.

Las normas y valores
- Son ciertas pautas de comportamiento que regulan la relación entre sus miembros.

Los objetivos e intereses
- Todos los miembros participan movidos por intereses y objetivos, y consideran que la relación grupal favorece el logro de los mismos.

La permanencia
- Los grupos deben tener cierta permanencia en el tiempo.

Otros aspectos que caracterizan al grupo son: la interdependencia, la finalidad, la percepción, la motivación, la organización, la actitud y la estabilidad. Estos forman la **identidad del grupo:**

<< Viene de página anterior

Interdependencia
- Los individuos dependen unos de otros para poder alcanzar los objetivos grupales. No solamente interactúan, sino que también comparten normas o desempeñan funciones que se complementan.

Finalidad
- Sus integrantes realizan actividades colectivas que contribuyen al logro de objetivos comunes.

Percepción
- El grupo es directamente observable; los miembros perciben la existencia del grupo, tienen un sentimiento de pertenencia al mismo, y se comportan como grupo de cara al exterior. Su entidad es reconocida como tal por sus propios miembros y por los demás.

Motivación
- El grupo permite satisfacer necesidades individuales, tanto explícitas como implícitas. Las primeras suelen encajar directamente con las tareas y el objetivo concreto del grupo. Las implícitas pueden resultar menos evidentes (amistad o liderazgo, por ejemplo) pero movilizan al individuo a participar en las actividades grupales.

Organización
- El grupo tiene una determinada estructura que se traduce en la distribución de papeles, configurando un sistema de roles entrelazados que representan un cierto nivel o estatus, así como una serie de normas de funcionamiento compartidas.

Actitud
- El grupo comparte determinadas actitudes y valores que forman parte de su propia cultura.

Estabilidad
- La interacción entre los miembros no es algo puntual, sino que se produce con una relativa duración en el tiempo. La estabilidad vendrá marcada por el tipo de grupo.

RECUERDA

El trabajo en grupo es de suma importancia para las personas dependientes, ya que no solo las mantiene activas física y emocionalmente, sino que también contribuye al establecimiento de relaciones interpersonales fundamentales para la vida diaria.

5.3. Tipos de grupos

Por su estructura, organización e interacción existen varios tipos de grupos:

Grupos primarios	- Cooley (1909) lo define como un grupo que se caracteriza por la asociación y cooperación cara a cara de sus miembros, unidos por lazos personales y emocionales. Son primarios porque son fundamentales para la formación de la naturaleza social y los ideales del hombre.
Grupos secundarios	- Olmsted (1972) menciona que las relaciones entre los miembros de estos son frías, impersonales, racionales, contractuales y formales. Estos grupos se caracterizan por poseer gran cantidad de miembros, lo que no permite la proximidad entre los mismos y generalmente la duración es breve.
Conglomerados	- A diferencia de los grupos, los conglomerados son todo conjunto de personas que están en contacto, ya sea por presencia espacial o temporal, pero con una relación social no duradera. Se caracterizan porque a pesar de tener un objetivo en común no son organizados, los integrantes son casi extraños unos con otros, no existen posiciones ni funciones sociales y aunque la proximidad física sea grande, el contacto social es muy limitado. Algunos tipos de conglomerados son: la multitud, el auditorio y las manifestaciones.

6. Utilización de las dinámicas de grupo

☞ **HILO CONDUCTOR**

Natalia, gracias a las técnicas de modificación de conducta, está logrando reforzar las conductas necesarias para la adquisición de hábitos de autonomía personal, aunque todo cambio conlleva un proceso, por lo que va poco a poco. Los profesionales también están haciendo que participe en dinámicas de grupo, con el objetivo de favorecer su integración social, ya que como se dijo anteriormente, Natalia se siente muy sola.

En la próxima semana ingresan en la misma residencia 4 personas mayores, por lo que los profesionales están preparando una dinámica de grupo, con el objetivo de evitar el aislamiento que se produce como consecuencia de los sentimientos de impotencia, dependencia, frustración o depresión que les provoca, a algunas personas, el ingreso en una institución.

En este caso, han optado por una dinámica de presentación, la cual tiene el objetivo de facilitar la primera toma de contacto entre los miembros del grupo, ya que consiste en aportar el nombre y la información básica de cada uno a los demás miembros del grupo.

- -

En la institución el profesional sociosanitario puede intervenir, trabajando con los grupos, a través de procedimientos específicos dirigidos a movilizar las interacciones que se establecen entre los miembros.

Gracias al trabajo en grupo las personas que lo componen pueden compartir con otros la información, conocimientos y experiencia que cada uno tiene, ver qué vivencias se tienen en común e incluso enriquecerse de los aspectos diferenciales.

Para este trabajo en grupo, podemos utilizar las conocidas dinámicas de grupo, que comentaremos a continuación.

6.1. Las dinámicas de grupo

Las dinámicas de grupo son técnicas básicas de comunicación que permiten el intercambio de ideas y el afianzamiento de las relaciones interpersonales a partir de una estructura determinada por el tipo de dinámica.

Las dinámicas de grupo implican a todos sus componentes sintiéndose útiles y parte de él.

 **DEFINICIÓN**

Dinámica de grupo

Situaciones o momentos de la vida del grupo en las que se plantea estructuradamente una tarea a realizar con unos recursos concretos y dentro de unos límites preestablecidos.

Con esta técnica, los miembros del grupo ponen en práctica elementos comunicativos, como son la expresión verbal, los gestos, el tono de voz, etc., y además de mejorar la comunicación entre los residentes fomenta las relaciones interpersonales entre todos ellos.

NOTA

Toda dinámica se debe adaptar a las necesidades y circunstancias de cada uno de sus componentes, de manera que ninguno quede fuera.

Existen diversas dinámicas para grupos, las cuales poseen variaciones que las hacen aptas para determinados grupos en distintas circunstancias. El éxito de una dinámica depende de su correcta aplicación y adaptación al grupo, así como de las habilidades del dinamizador para desarrollarla.

EJEMPLO

Continuando con los nuevos miembros que ingresan en la residencia la próxima semana, los profesionales han elegido la dinámica **La presentación cruzada.**

En su aplicación, reunirán a los 4 nuevos miembros de la residencia, junto con otras personas que hayan entrado a formar parte de la institución anteriormente, para hacer posible la dinámica. En total podrían ser unos 8 participantes.

El dinamizador forma parejas de personas que no se conocen entre sí. Cada integrante de la pareja le comunica a su compañero los datos que el instructor haya indicado previamente, relativo a su persona, gustos, familia, aficiones, trabajo, profesión, etc., en un tiempo que puede fluctuar entre 2 y 10 minutos. Después de que esta fase se haya cumplido, cada miembro de la pareja presenta a su compañero ante todo el grupo, ya sea como invitado o tomando su lugar, esto es, presentándose como si fuera su compañero, haciéndolo en primera persona; lo mismo harán todas las parejas constituidas. Para ello no se deben emplear más de 2 o 3 minutos.

Esta técnica termina con un aplauso para los que se presentan porque genera emociones que deben ser recompensadas.

🎥 VÍDEO

Observa el siguiente vídeo para conocer en qué consiste la dinámica de grupo denominada *Pasa el balón*.

https://redirectoronline.com/uf01300202

Criterios a tener en cuenta para la elección de una dinámica

Al elegir una dinámica de grupo hay que tener en cuenta los siguientes factores que se presentan a continuación:

- **Los objetivos que se quieren alcanzar.** En toda dinámica bien diseñada se debe describir claramente los objetivos que se pueden lograr con su aplicación en un grupo. Las dinámicas varían en su estructura de acuerdo a los objetivos que persiguen cada una de ellas. Hay dinámicas diseñadas para promover el intercambio de ideas y opiniones; para desarrollar habilidades de toma de decisiones; para favorecer el aprendizaje de conocimientos específicos; para facilitar la comprensión vivencial de situaciones; para desarrollar la creatividad, etc. Así, la elección ha de hacerse considerando los objetivos que se pretenden lograr, para lo cual es indispensable que el dinamizador tenga previamente definidos dichos objetivos.
- **Tamaño del grupo.** Por la naturaleza y complejidad de cada dinámica se requiere un número determinado de participantes para poder ser desarrollada con éxito:

  - **Grupos grandes:** en los grupos grandes se produce menor cohesión e interacción por lo que la conducción de dichos grupos exige mayor capacidad y experiencia por parte del dinamizador.
  - **Grupos pequeños:** en los grupos pequeños se da una mayor cohesión e interacción, existe más seguridad y confianza, las relaciones

son más estrechas y amistosas, se llega más fácilmente al consenso, y los miembros disponen de más oportunidad y tiempo para intervenir.

⮞ **Ambiente físico y social.** Contar con unas instalaciones que se adapten a las necesidades de la dinámica es un factor determinante para el éxito de la misma. Por ejemplo, hay ciertas dinámicas que requieren de un lugar amplio que permita la actuación de un grupo numeroso, o la labor simultánea de varios grupos pequeños.

⮞ **Características de los miembros del grupo.** Los grupos varían de acuerdo con las características de sus miembros, edades, intereses, expectativas, predisposición, experiencias, etc.

⮞ **Tiempo.** Unas dinámicas llevan más tiempo que otras y el tamaño de grupo incide también sobre las necesidades de tiempo. Este factor deberá tenerse en cuenta, ya que no es recomendable dejar una dinámica a medias.

⮞ **Experiencia del dinamizador.** El uso de las dinámicas para grupos requiere el estudio analítico de las mismas y el entrenamiento y experiencia en su aplicación. Es muy importante dominar el desarrollo de la dinámica y actuar con cautela en los comienzos de su aplicación, siguiendo las normas establecidas en su procedimiento. Posteriormente, la propia experiencia irá indicando los eventuales cambios que convenga hacer para adaptarla a determinadas situaciones, así como a las características de los miembros del grupo.

El profesional debe conocer, fomentar y aprovechar una dinámica grupal para obtener los objetivos planteados con el grupo de personas dependientes.

Los objetivos de cada dinámica determinarán la motivación y participación de sus componentes.

Existen múltiples ventajas terapéuticas derivadas de diferentes aspectos del comportamiento dentro de los grupos. Estos proporcionan un sentido de identidad y autoestima a sus miembros, asignan roles sociales que requieren que las personas respondan a las demandas y a las expectativas del entorno, facilitan normas que modifican el aprendizaje hacia comportamientos aceptables y valorados, influencian la respuesta adaptativa de sus miembros y los impulsan a participar de una manera positiva.

NOTA

Existen multitud de grupos en los que cada persona se puede sentir realizada compartiendo sus aficiones, intereses, etc.

En los contextos grupales se ponen de manifiesto, de una manera significativa, una serie de nuevas capacidades: comprender y reestructurar el propio modo de pensar y actuar como consecuencia de una toma de conciencia y de una mejor percepción de uno mismo, ligada a la autoestima que puede surgir en estas circunstancias.

IMPORTANTE

Es muy importante que el profesional ejerza su función de fomentar la participación mediante la puesta en marcha de estrategias de estimulación, haciendo que se sientan atraídos por la actividad.

Antes de comenzar una dinámica hay que tener en cuenta una serie de aspectos:

- Quien se propone utilizar las técnicas de grupo debe conocer previamente los fundamentos de la dinámica de grupo.
- Antes de utilizar una técnica de grupo debe conocerse suficientemente su estructura, su metodología, sus posibilidades y sus riesgos. Debe seguirse en todo lo posible el procedimiento indicado.

- Las técnicas de grupo deben aplicarse con un objeto claro y bien definido.
- Las técnicas de grupo requieren una atmósfera cordial y democrática.
- En todo momento debe existir una actitud cooperante.
- Debe incrementarse en todo lo posible la participación activa de los miembros.
- Los miembros deben adquirir conciencia de que están en el grupo y por ellos mismos. Sentir que están trabajando en su grupo.
- Todas las técnicas de grupo se basan en el trabajo voluntario, la buena intención y el juego limpio.
- Todas las técnicas de grupo tienen alguna finalidad implícita.

Las dinámicas de grupo tienen como finalidad crear y consolidar las relaciones grupales y los aspectos individuales de los miembros del centro, evitando el aislamiento que se produce como consecuencia de los sentimientos de impotencia, dependencia, frustración o depresión que les provoca, a algunas personas, el ingreso en una institución. En este caso, la elección de las dinámicas dirigidas a estas personas, previamente valorados, se hace desde una perspectiva multidisciplinar, es decir, una intervención bio-psico-social desde la que se trabaje la autoexpresión, la comunicación, el desarrollo de las funciones corporales, la convivencia comunitaria, etc. En general, nos referimos a todas aquellas actividades que favorezcan la integración social del dependiente.

 TAREA 2

Si por algo se caracteriza Grupo ATENCIONA, además de la calidad de sus profesionales, es por la variedad de actividades que llevan a cabo con los usuarios, siempre dentro de las posibilidades de cada uno.

Ellos siempre apuestan por el trabajo en grupo, ya que este promueve la participación activa de la persona dependiente y proporciona beneficios personales, sociales y afectivos, gracias a la interacción con otras personas. Por este motivo, en las residencias, organizan constantes dinámicas de grupo, de modo que los que participan en ellas puedan compartir información, conocimientos y experiencia que cada uno tiene, ver qué vivencias se tienen en común e incluso enriquecerse de los aspectos diferenciales.

- Indica una dinámica de grupo, que suponga la realización de diferentes actividades, para promover la relación y comunicación entre personas dependientes que viven en una institución.
- Describe las características, así como el funcionamiento, que tendrá el grupo.

TAREA 3

Imagina que trabajas en una residencia y es Navidad; teniendo en cuenta esto determina:

- Las actividades a desarrollar para la fiesta.
- Los materiales necesarios para su desarrollo.
- La ubicación.
- Las dinámicas de grupo que van a establecer.
- Los objetivos que pretenden alcanzar con cada actividad a desarrollar.
- Las características de los residentes que asistirán a la fiesta.
- La duración que tendrá la fiesta para estipular el número de actividades a desarrollar.

7. Observación del usuario en situaciones especiales, fiestas y eventos

 HILO CONDUCTOR

Natalia ya está mejor, ha comenzado a relacionarse con otros usuarios, participando en actividades grupales, por lo que los profesionales la han animado a asistir a la fiesta que se ha organizado en la residencia, con motivo de su aniversario, y así podrán observar cómo reacciona ante un evento, ya que ha pasado de no querer ver a nadie y estar todo el día encerrada, a ir interactuando poco a poco con otros residentes.

Sin embargo, ya en la fiesta, Natalia ha comenzado a agobiarse y a tener una sensación de malestar intenso, ahogo, mareo... ¿qué le estará ocurriendo a Natalia?

La observación es uno de los pocos instrumentos que pueden crearse de forma que el usuario no note su evaluación (aunque si la nota quizás se distorsionen los resultados).

Además, como veremos, la observación puede realizarse en cualquier situación y sin que se altere el comportamiento del usuario.

Se estudiará que existen diferentes tipos de observación y que se han de seguir una serie de técnicas que ayudarán a su buena aplicación.

Por último, se hablará de las intervenciones y de la importancia del equipo interdisciplinar.

La observación es una técnica subjetiva en la que se recoge información valiosa.

7.1. Técnicas básicas de observación

La observación es una técnica que consiste en **examinar atentamente el fenómeno, hecho o caso, tomar información y registrarla para su posterior análisis.** Para la observación, el profesional puede utilizar test y fichas orientadoras.

Distinguimos dos **tipos** de observación:

Observación científica	Observación no científica
- Tiene un objetivo claro, definido y preciso. Se sabe lo que se observa y por qué se observa.	- Es la observación sin preparación previa, sin un objetivo definido.

Las técnicas de observación deben seguir los siguientes pasos:

1. Definir el **objeto** y la situación que se observa.
2. Especificar la forma en la que se van a **registrar** los datos.
3. Realizar una observación cuidadosa y **crítica.**
4. Analizar e **interpretar** los datos obtenidos.
5. Sacar **conclusiones** de los datos.
6. Hacer **informes** de observación, complementando los datos con los resultados obtenidos.

Tipología de la observación

A continuación, se van a clasificar los tipos de observaciones según las posibilidades.

Observación directa o indirecta	**Observación directa**	Se da cuando el investigador presencia los hechos por él mismo, poniéndose en contacto con lo ocurrido.
	Observación indirecta	Se da cuando el investigador obtiene los datos a través de los estudios que han realizado otras personas, desde fuentes ya existentes, que pueden ser de tipo escrito, digital, iconográfico, fotográfico, visual, audiovisual...
Observación participante y no participante	**Observación participante**	En este caso, el profesional que realice la observación deberá participar pero no podrá llevar a cabo interacciones con el grupo que puedan modificar o interceptar las conductas o actividades que se observan.
	Observación no participante	El observador solamente registra los datos que obtiene desde fuera sin tener contacto con el grupo o fenómeno de estudio.
Observación estructurada y no estructurada	**Observación estructurada**	En la observación estructurada se utilizan elementos como fichas, cuadros, tablas, etc.
	Observación no estructurada	En este caso, la observación se hace sin la ayuda de estos elementos, por lo que también se llama simple o libre.

Continúa en página siguiente >>

<< Viene de página anterior

Observación de campo o laboratorio	Observación de campo	Tiene lugar cuando se obtienen los datos directamente en el lugar en el que se desarrollan los hechos.
	Observación de laboratorio	Es la que se realiza en un lugar predeterminado y acondicionado para el estudio, como bibliotecas o laboratorios.
Observación individual o en equipo	Observación individual	Es individual cuando un solo investigador es el que recoge los datos.
	Observación en grupo	Se considera en equipo cuando son varios los que recogen los mismos datos para llegar a una conclusión, o cuando participan varias personas pero se dedican a diferentes tareas.

ACTIVIDAD COMPLEMENTARIA

1. Determina cuáles son las características de la observación en la institución, es decir, si es directa o indirecta, participante o no participante...

Objetivos de la observación

Los principales objetivos de la observación en las actividades especiales de las personas dependientes son:

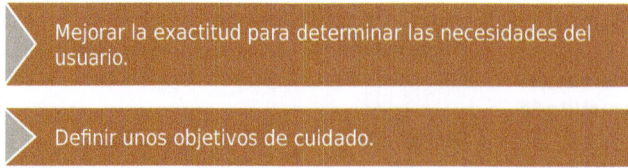

Mejorar la exactitud para determinar las necesidades del usuario.

Definir unos objetivos de cuidado.

Continúa en página siguiente >>

<< Viene de página anterior

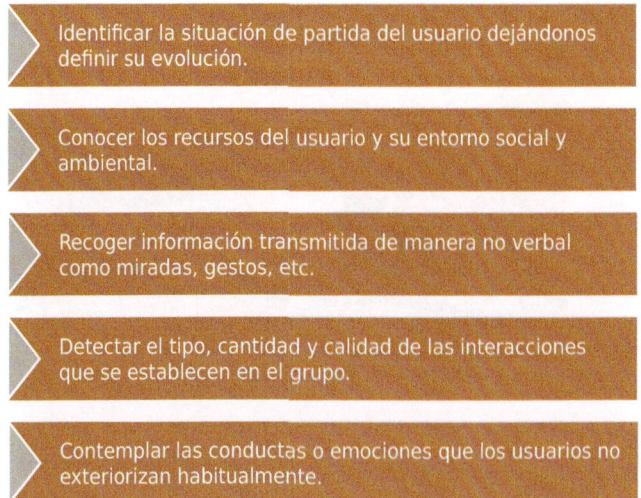

Identificar la situación de partida del usuario dejándonos definir su evolución.

Conocer los recursos del usuario y su entorno social y ambiental.

Recoger información transmitida de manera no verbal como miradas, gestos, etc.

Detectar el tipo, cantidad y calidad de las interacciones que se establecen en el grupo.

Contemplar las conductas o emociones que los usuarios no exteriorizan habitualmente.

En los eventos especiales que se organicen en la institución la observación puede centrarse en factores grupales o factores individuales:

- **Factores grupales.** Se especifica el clima del grupo (tranquilo, agitado, distante, etc.), las relaciones e interacciones observadas, los conflictos y los facilitadores. Asimismo, se recogerá cualquier otro aspecto grupal que se haya observado.
- **Factores individuales.** Se recoge información de cada uno de los usuarios de manera individual. Generalmente, se recoge la actitud general durante la celebración de la fiesta o evento (participativo, indiferente, apático, etc.), la actitud hacia la celebración, la relación con los compañeros y la relación con los profesionales.

Cuando intervenimos en la institución, la observación que se lleve a cabo es de gran importancia, pues la información recogida es útil para detectar el aspecto conductual de los miembros del grupo y paliar las desviaciones comportamentales. Para ello, será necesario planificar de antemano la técnica de observación, registrar los datos, analizarlos y elaborar las conclusiones para poder intervenir correctamente con el usuario.

En las fiestas y otros eventos especiales, cada usuario muestra necesidades o emociones diferentes a las usuales, que hay que tener en cuenta.

NOTA

Durante la observación se recogerán datos sobre la actitud de los usuarios, la relación con los compañeros y la relación con los profesionales.

7.2. Intervención en situaciones de crisis

La intervención con el colectivo de personas dependientes debe abordarse desde una **óptica interdisciplinar.**

En las instituciones se sigue una rutina para que los cambios bruscos y repentinos no puedan alterar a las personas que conviven.

 EJEMPLO

El solo hecho de una situación especial, fiesta o evento, que se salga de la rutina diaria puede provocar en los usuarios signos y actitudes de emoción intensa o episodios de crisis, derivado de la enfermedad o dependencia que padezca.

Hasta este momento se ha trabajado con cierta asiduidad, centrándose en los síntomas o causas de demanda, sin abordar la globalidad de las situaciones de estas personas.

Por ello, es fundamental cambiar la idea de intervención, haciendo un intento de asociar tantos los aspectos psicológicos, como los biológicos y los sociales para poder intervenir en cada conflicto de una persona determinada.

Desde este enfoque es necesario diseñar sistemas de intervención, es decir, conjuntos de programas de intervención interrelacionados que den respuesta a las causas y a las consecuencias que definen las situaciones de crisis y los problemas.

Definición de intervención

Intervenir se refiere a la introducción, interposición o intermediación desde una postura de autoridad de un elemento externo en una situación determinada, con la intención de modificar o interferir en el funcionamiento de un proceso o sistema. Es decir, la intervención comporta un proceso de interferencia e influencia, y persigue un cambio.

Niveles de intervención

Los niveles de intervención pueden ser:

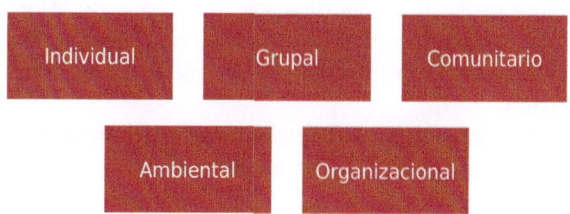

Ideas clave de los programas de intervención

A continuación, se describen unas ideas claves de los programas de intervención:

a. Un programa de intervención debe ponerse en marcha en un **área** concreta y con unos **objetivos** concretos y, por supuesto, debe estar

contextualizado, es decir, debe ser un eslabón más en la cadena de recursos cuyo objetivo final y prioritario es proporcionar bienestar y calidad de vida a la persona dependiente.

b. Toda intervención persigue un **cambio,** y debe realizarse simultáneamente tanto sobre la persona, como sobre el grupo, la comunidad, y/o la institución (intervención de primer orden), como sobre las relaciones entre estos (intervención de segundo orden).

La intervención generalizada de un problema con todos los usuarios hará que todos sean conscientes, a la vez de que quienes los generan no se sientan desplazados.

c. La forma de afrontar las diversas realidades de intervención pasa por construir y operar sobre esta realidad compleja, a través de un sistema de intervención compuesto por un conjunto de **programas interrelacionados.**

d. Bajo este prisma, la **interdisciplinariedad** toma relevancia como la intersección de profesionales, metodologías y perspectivas trabajando con un objetivo común.

e. **Coordinación y complementación.** No solo se trata de coordinar los distintos servicios que sean compatibles, sino que también deben complementarse. Es decir, que unos programas deben apoyarse en otros para poder cubrir las necesidades.

A modo de resumen veremos las ideas clave de los programas de intervención:

- Se buscan objetivos concretos.
- Se persigue un cambio.
- Se trabaja con programas interrelacionados.
- Interdisciplinariedad de personal y métodos.
- Coordinación y complementación.

◁◦▷ EJEMPLO

Nos encontramos en un centro residencial en el que se pretende abordar el problema de «la mala convivencia entre los residentes».

Si adoptáramos un estilo de intervención lineal (de primer orden) solo se abordaría el problema desde las personas concretas que están presentando problemas en un determinado momento. Sin embargo, más efectivo sería intervenir mediante la organización de grupos de convivencia y reuniones con los residentes (de segundo orden). Se debe concebir la mala convivencia como la expresión de otra serie de problemas (antecedentes y consecuentes) que tienen sus causas y sus efectos.

La forma de intervenir no es incidir sobre las causas, sino sobre las relaciones que se entretejen entre las situaciones y problemas, a través de un sistema de intervención formado por programas interrelacionados, «Programas de intervención». Esta es una visión más global y compleja, pero también más real.

Intervención en situaciones de crisis

Tal y como se ha comentado anteriormente, un cambio en la rutina del usuario puede dar lugar a episodios de crisis; por lo que el equipo de profesionales que trabaja en la institución debe estar preparado para paliar dichas situaciones e intervenir con estas personas.

DEFINICIÓN

Crisis

Es un estado temporal de trastorno y desorganización, caracterizado básicamente por una incapacidad del sujeto para manejar emocional y conceptualmente situaciones particulares. Se caracteriza por aparecer de forma repentina y con una sensación de malestar intenso.

Los componentes fundamentales de la crisis de angustia son:

> Sentimiento de miedo y ansiedad extrema en el que la persona puede llegar a temer por su propia vida.

> La máxima expresión de los síntomas se da durante los 10 primeros minutos, a partir de este momento empieza a decrecer la intensidad de la ansiedad hasta desaparecer. Después del episodio aparece la sensación de agotamiento, tanto físico como mental.

> Suele aparecer de forma repentina, sin una causa aparente. Sin embargo, en el caso que tratamos se puede identificar un estímulo específico causante de la crisis, como es la ruptura de la rutina con la celebración del evento.

Definición de trastorno del pánico

El DSM-V define el trastorno de pánico de la siguiente manera:

➲ Aparición episódica y recortada de miedo o malestar intensos, acompañada de cuatro o más de los siguientes síntomas, que se inician bruscamente y alcanzan su máxima expresión en los primeros 10 min:

    ➲ Palpitaciones, sacudidas del corazón o elevación de la frecuencia cardiaca.

    ➲ Sudoración.

- Temblores o sacudidas.
- Sensación de ahogo o falta de aliento.
- Sensación de atragantarse.
- Opresión o malestar torácico.
- Náuseas o malestar torácico.
- Inestabilidad, mareo o desmayo.
- Sensación de irrealidad o de estar separado de uno mismo.
- Miedo a perder el control o a volverse loco.
- Miedo a morir.
- Sensación de entumecimiento u hormigueo.
- Escalofríos o sofocaciones.

➲ Además, al menos a uno de los ataques le ha seguido durante un mes (o más) uno o más de los hechos siguientes:

- Inquietud persistente ante el miedo de tener más crisis.
- Preocupación por las consecuencias de las crisis (por ejemplo perder el control, sufrir un infarto de corazón, ahogarse, etc.).
- Las crisis implican un cambio en el comportamiento habitual.

Intervención

El tratamiento psiquiátrico es el que ha demostrado tener más éxito y menor porcentaje de recaídas.

El tratamiento psicológico cognitivo-conductual se basa en la idea de que la ansiedad en sí no es mala, sino que ayuda al cuerpo a estar preparado para afrontar diferentes situaciones de estrés. La ansiedad se convierte en desadaptativa cuando por su frecuencia o intensidad interfiere en la vida de la persona.

La aparición de la crisis es desencadenada por la forma de interpretar los hechos que tiene cada persona. En el caso específico del trastorno de pánico algunos de los hechos cotidianos o algunas sensaciones corporales son interpretadas como peligrosas y el cuerpo reacciona ante ellas para afrontarlas, lo que da lugar a una serie de cambios corporales, y que nuevamente serían interpretados como negativos e indicativos de alguna dolencia. Uno de los objetivos en la terapia consiste en detectar este tipo de pensamientos ansiógenos y cambiarlos por otro tipo de pensamientos más funcionales y más adaptativos.

Por lo tanto, la meta de la intervención es **ayudar al usuario a ajustarse a su nueva situación en la institución** y devolverle a su nivel anterior de funcionamiento.

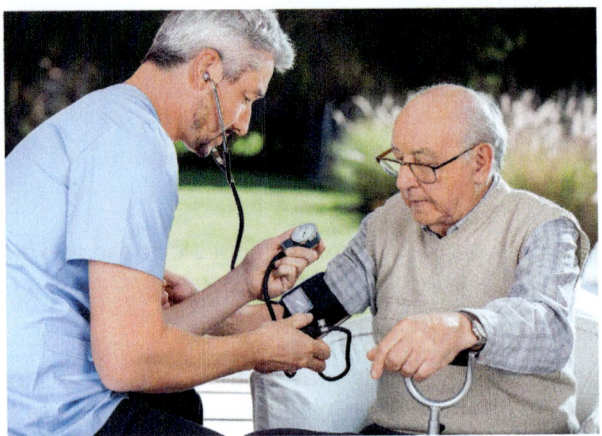

Los profesionales han de estar preparados para sobrellevar y acompañar a los usuarios durante los momentos de crisis transmitiendo tranquilidad y sosiego.

Ante una situación de crisis es **aconsejable:**

> La prioridad de la intervención será siempre mediante el diálogo. El objetivo es tranquilizar a la persona, intentando manejar ese miedo intenso que siente, evitando que la crisis estalle.

> Comunicar que no le va a suceder nada grave e informarle de que ese momento es transitorio y los síntomas desaparecerán.

> Hablar acerca de lo sucedido en un tono tranquilo, cercano y cordial.

> Ofrecerle ayuda y compañía.

> Utilizar técnicas de relajación de modo que se consiga estabilizar su ritmo cardiaco y respiratorio.

Continúa en página siguiente >>

<< *Viene de página anterior*

> También podemos intervenir sobre el entorno, modificando algún aspecto del contexto que creamos que pueda estar favoreciendo el episodio (estímulos, barreras, etc.) para desconectarle de la emoción intensa que provoque la crisis.

> En todos los casos se pondrán en práctica acciones protectoras si creemos que puede haber peligro por la integridad física de la propia persona o de los que se encuentran alrededor.

> La puesta en práctica de la sujeción mecánica del usuario (sujetar brazos, piernas, aislar en otra sala) se limitará exclusivamente a las situaciones en las que las opciones anteriormente planteadas no han surtido efecto.

RECUERDA

Se puede aplicar una intervención que combine tratamiento psicológico y tratamiento farmacológico. Siempre y únicamente bajo prescripción médica.

7.3. Comunicación de incidencias al equipo interdisciplinar

Diversos profesionales están directamente relacionados con los procesos de intervención en el ámbito de la institución y estos forman equipos y grupos de trabajo para el abordaje de los objetivos fijados en los distintos programas.

Equipos interdisciplinares

En ellos cada profesional colabora, organiza y planifica actividades, comparte información, perspectivas e ideas, y toma decisiones. Así, un equipo de trabajo delimita tareas, funciones y responsabilidades de forma individual, determinadas por el nivel de especialidad desde el que trabaja según sea médico, psicólogo, terapeuta ocupacional, diplomado en enfermería, fisioterapeuta, trabajador social, etc. Estas acciones están en relación con los objetivos propuestos, y todo ello, ayuda a que cada persona pueda realizar mejor su función, asuma las responsabilidades con más conciencia, y haga suyas las decisiones acordadas por el conjunto de los miembros. Los profesionales dentro de esta forma de trabajo aprenden a valorar el resultado del proceso como un todo que va más allá de la suma de sus partes.

Los equipos de trabajo los componen profesionales interdisciplinares que trabajan de manera conjunta.

Grupos de trabajo

Supone otro ámbito de trabajo constituido generalmente por profesionales del mismo nivel que se encuentran en la realización cotidiana de las tareas e interactúan para compartir información sobre experiencias, prácticas más o menos apropiadas y satisfactorias, debaten sobre soluciones dadas a una situación, o simplemente se animan a mantener el esfuerzo deseado. A diferencia del equipo interdisciplinar no se marcan objetivos ni toman decisiones juntos, sino que las ejecutan.

A continuación, se realizará una relación de las profesiones más destacadas y que habitualmente componen los equipos y grupos de trabajo.

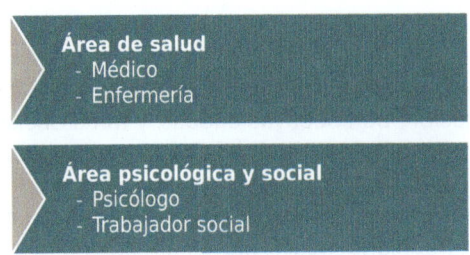

Área de salud
- Médico
- Enfermería

Área psicológica y social
- Psicólogo
- Trabajador social

Continúa en página siguiente >>

[134]

<< Viene de página anterior

Área de rehabilitación
- Terapeuta ocupacional
- Fisioterapeuta

Ejecución de programas, desarrollo de actividades, cuidado y atención al dependiente
- Auxiliar/cuidador
- Educador
- Voluntario

Área de ocio y tiempo libre
- Animador sociocultural

Cuando una persona dependiente sufre una crisis puede ser que no todos los componentes del equipo de profesionales se encuentren en la institución en ese momento, por ello, se hace necesario comunicar las incidencias ocurridas, de modo que todo el equipo quede informado de lo ocurrido, las intervenciones que se han adoptado y las propuestas de actuación.

La **comunicación de incidencias** no implica establecer un plan de actuación cerrado, sino que es una forma de contactar con el resto de profesionales, informando de lo ocurrido para posteriormente realizar un abordaje planificado de la situación si así lo requiere.

Para comunicar las incidencias podemos utilizar los siguientes **medios:**

Libro de incidencias
- Es una herramienta fundamental en el centro de atención a la dependencia, ya que facilita una comunicación eficaz entre los distintos profesionales. Se trata de un cuaderno en el que se van anotando las diferentes situaciones difíciles por las que pasa una persona dependiente.

Continúa en página siguiente >>

<< Viene de página anterior

Fichas de incidencias
- Se trata de una ficha estructurada en la que se detallan las incidencias ocurridas. Ofrecen más detalles que el libro. Estas fichas pueden contener diferentes apartados como son la descripción de la incidencia ocurrida, las personas implicadas, las actuaciones realizadas, los profesionales que han intervenido, las propuestas de intervención, etc.

 **RECUERDA**

Es de suma importancia que el equipo interdisciplinar de la institución trabaje de forma coordinada y reciba el mayor número de información sobre el residente, su situación y las incidencias ocurridas.

8. Resumen

En la Ley 39/2006, de 14 de diciembre, sobre la Dependencia, se define la **Autonomía** como la capacidad de controlar, afrontar y tomar decisiones personales sobre cómo vivir y al desarrollo de las actividades básicas de la vida diaria.

Para el entrenamiento de dicha autonomía en situaciones cotidianas de la institución, se pueden aplicar diversas **técnicas y estrategias de intervención,** entre las que se encuentran:

Estrategia de resolución de problemas	Técnica de reestructuración cognitiva

Para el fomento de la autonomía personal y lograr que la persona dependiente sea capaz de hacer por sí misma todo lo que pueda, dentro de sus posibilidades, debemos conjuntamente, fomentar la adquisición de conductas nuevas y eliminar aquellas que sean inadecuadas. Utilizaremos para ello una serie de técnicas, denominadas **técnicas de modificación de conducta.**

El trabajo en grupo que se lleva a cabo en una institución promueve la participación activa de la persona dependiente y proporciona beneficios personales, sociales y afectivos, gracias a la interacción con otras personas.

La **observación** es una técnica que consiste en observar atentamente el fenómeno, hecho o caso, tomar información y registrarla para su posterior análisis. Cuando intervenimos en la institución, la observación que se lleve a cabo es de gran importancia, pues la información recogida es útil para detectar el aspecto conductual de los miembros del grupo y paliar las desviaciones comportamentales.

Se pueden distinguir dos tipos de observación: **científica y no científica.**

Un cambio en la rutina del usuario puede dar lugar a **episodios de crisis;** por lo que el equipo de profesionales que trabaja en la institución debe estar preparado para paliar dichas situaciones e intervenir con estas personas. La meta de la intervención es ayudar al usuario a ajustarse a su nueva situación en la institución y devolverle a su nivel anterior de funcionamiento.

La intervención puede llevarse a cabo a distintos niveles:

Para ello, debe contarse con un **equipo de profesionales interdisciplinar,** que trabaje de forma conjunta y estén preparados para sobrellevar y acompañar a los usuarios durante los momentos de crisis transmitiendo tranquilidad y sosiego.

Ejercicios de autoevaluación
Unidad de Aprendizaje 2

1. **Relaciona las siguientes alternativas con su fase correspondiente.**

   a. Explorar alternativas
   b. Obtener un objetivo
   c. Comprender el problema
   d. Ejecutar un plan de acción

   __ Protocolo de intervención en la solución de problemas ajenos
   __ Fases de la resolución de problemas

2. **Con respecto a las redes sociales de estos pacientes, ¿qué problemas se pueden producir?**

   _____
   _____

3. **¿Cuáles son algunas de las técnicas más importantes para una comunicación eficaz?**

   _____
   _____
   _____
   _____

4. **La escucha activa es...**

   a. ... la habilidad de escuchar no solo lo que la persona está expresando directamente, sino también los sentimientos, ideas o pensamientos que subyacen a lo que se está diciendo.
   b. ... la capacidad de entender los pensamientos y emociones ajenas, de ponerse en el lugar de los demás y compartir sus sentimientos.
   c. ... la habilidad de expresar los deseos de una manera amable, franca, abierta, directa y adecuada, logrando decir lo que se quiere sin atentar contra los demás.
   d. Todas las opciones son incorrectas.

5. **Si decimos "Lo que yo quiero decir es que..." y se retoma el diálogo en el punto en que se es interrumpido, o repitiéndolo desde el principio, ¿qué técnica asertiva estamos utilizando?**

    a. Técnica del banco de niebla
    b. Técnica del disco rayado
    c. Técnica del acuerdo asertivo
    d. Pregunta asertiva

6. **¿Cómo se denomina aquello que hace aumentar la frecuencia de una conducta?**

    a. Refuerzo
    b. Consecuencia
    c. Incentivo
    d. Las opciones a y b son correctas.

7. **Completa la siguiente oración:**

El trabajo en grupo que se lleva a cabo en una institución promueve la participación _____ de la persona dependiente y proporciona beneficios personales, _____ y afectivos, gracias a la interacción con otras _____.

8. **Por su estructura, organización e interacción existen varios tipos de grupos, ¿cuáles son?**

_____
_____
_____
_____

9. **Determina si las siguientes opciones son verdaderas o falsas.**

    a. Las dinámicas de grupo tienen como finalidad crear y consolidar las relaciones grupales y los aspectos individuales de los miembros del centro.

        Verdadero
        Falso

b. La experiencia del dinamizador no influye en el éxito de la
dinámica de grupo, pues basta con seguir las instrucciones
de la misma para que se desarrolle adecuadamente.

Verdadero
Falso

10. **¿Qué se entiende por observación?**

_____
_____
_____
_____

Glosario

Asertividad

Es una habilidad personal que nos permite expresar nuestros sentimientos, deseos, opiniones y pensamientos, en el momento oportuno, de la forma adecuada y sin negar ni desconsiderar los derechos de los demás. Es una manera de llegar a conseguir los objetivos que nos proponemos sin sentirnos incómodos por ello ni incomodar a los demás.

Atención

Es la capacidad de seleccionar la información sensorial y dirigir los procesos mentales.

Autonomía

Es la capacidad de controlar, afrontar y tomar, por propia iniciativa, decisiones personales acerca de cómo vivir de acuerdo con las normas y preferencias propias, así como desarrollar las actividades básicas de la vida diaria.

Categorización

Consiste en ordenar una serie de elementos en grupos siguiendo un criterio común. Es decir, agrupamos la información en diferentes categorías para facilitar su recuperación.

Cinesiterapia

Tratamiento de enfermedades y lesiones mediante el movimiento. En estudios realizados en pacientes con deterioro cognitivo, se han obtenido beneficios con la aplicación de este programa, manteniendo estable la evolución del deterioro y conservando el grado de autonomía en las actividades de la vida diaria, aunque no todos los pacientes responden por igual al tratamiento.

Comunicación

Es el acto mediante el cual un individuo establece con otro un contacto que le permite transmitir una información.

Conducta humana
Es la acción que realiza un ser humano como fruto del aprendizaje.

Crisis
Estado temporal de trastorno y desorganización, caracterizado básicamente por una incapacidad del sujeto para manejar emocional y conceptualmente situaciones particulares. Se caracteriza por aparecer de forma repentina y con una sensación de malestar intenso.

Dependencia
Estado de carácter permanente en el que se encuentran las personas que, por razones derivadas de la edad, la enfermedad o la discapacidad, y ligadas a la falta o a la pérdida de autonomía física, mental, intelectual o sensorial, precisan de la atención de otra u otras personas o ayudas importantes para realizar actividades básicas de la vida diaria, en el caso de las personas con discapacidad intelectual o enfermedad mental, de otros apoyos para su autonomía personal.

Dinámicas de grupo
Son técnicas básicas de comunicación que permiten el intercambio de ideas y el afianzamiento de las relaciones interpersonales a partir de una estructura determinada por el tipo de dinámica.

DSM
(Diagnostic and Statistical Manual of Mental Disorders) manual diagnóstico y estadístico de los trastornos mentales.

Empatía
Es la capacidad de entender los pensamientos y emociones ajenas, de ponerse en el lugar de los demás y compartir sus sentimientos. No es necesario pasar por las mismas vivencias y experiencias para entender mejor a los demás, sino ser capaces de captar los mensajes verbales y no verbales, que la otra persona quiere transmitir, y hacer que se sienta comprendida de manera única y especial.

Encadenamiento
Consiste en la formación de una conducta compleja a partir de otras más sencillas que el individuo ya posee en su repertorio.

Encamados
Personas que necesitan ayuda para desenvolverse.

Enfermos
Personas que pueden desenvolverse por sí mismas.

Escucha activa

Se refiere a la habilidad de escuchar no solo lo que la persona está expresando directamente, sino también los sentimientos, ideas o pensamientos que subyacen a lo que se está diciendo. Para llegar a entender a alguien se precisa también de cierta empatía, es decir, saber ponerse en el lugar de la otra persona.

Fichas de incidencias

Ficha estructurada en la que se detallan las incidencias ocurridas. Ofrecen más detalles que el libro. Estas fichas pueden contener diferentes apartados como son la descripción de la incidencia ocurrida, las personas implicadas, las actuaciones realizadas, los profesionales que han intervenido, las propuestas de intervención, etc.

Grupo

Conjunto de personas que comparten un interés objetivo en común e interactúan para alcanzarlo; de igual manera, llamamos grupo al conjunto de personas que poseen una relación recíproca y continua.

Libro de incidencias

Herramienta fundamental en el centro de atención a la dependencia, ya que facilita una comunicación eficaz entre los distintos profesionales. Se trata de un cuaderno en el que se van anotando las diferentes situaciones difíciles por las que pasa una persona dependiente.

Memoria

Es el proceso por medio del cual la información se codifica, se almacena y se recupera posteriormente.

Memoria a corto plazo

La capacidad de almacenamiento es más limitada pero podemos retenerla durante más tiempo. Por ejemplo, la utilizamos cuando queremos retener un número de teléfono.

Memoria a largo plazo

Permite almacenar y grabar recuerdos para toda la vida.

Memoria sensorial

Consiste en retener la información en unas décimas de segundo. En este nivel de almacenamiento podemos retener gran cantidad de información pero su duración es muy breve. Es la memoria que se usa cuando vemos una película, oímos una conversación por la calle u ojeamos escaparates.

Modelado
Es un proceso de aprendizaje basado en la observación de un modelo cuya conducta se considera adecuada.

Moldeado
Se entiende por moldeado el reforzamiento sistemático de las aproximaciones sucesivas a la conducta-objetivo.

Musicoterapia
Consiste en un conjunto de actividades que utilizan el estímulo musical (ritmo, tono, velocidad, registro, volumen, silencio...) como herramienta terapéutica para conseguir diferentes resultados directos e indirectos a nivel psicológico, psicomotriz, orgánico y energético, a la vez que potencian la dimensión relacional.

Observación
Es una técnica que consiste en examinar atentamente el fenómeno, hecho o caso, tomar información y registrarla para su posterior análisis. Para la observación, el profesional puede utilizar test y fichas orientadoras.

Orientación espacial
Se refiere a la ubicación del cuerpo en relación con las otras personas, objetos que nos rodean, ambiente próximo y espacio de nuestro entorno.

Orientación personal
Se refiere al conocimiento de uno mismo y de las personas que le rodean, es decir, la edad que tiene, el nombre de sus familiares, los nietos que tiene, etc.

Orientación temporal
Es la orientación en el tiempo, hora, día, semana, mes.

Orientación
Se entiende por orientación en espacio, tiempo y persona como el conocimiento que el sujeto tiene del entorno espacial y temporal en el cual se desenvuelve.

Premisas
Se denomina premisa a cada una de las proposiciones de un razonamiento que dan lugar a la consecuencia o conclusión de dicho razonamiento. Las premisas son expresiones lingüísticas que afirman o niegan algo y pueden ser verdaderas o falsas.

Programa de Psicoestimulación Integral (PPI)
Consiste en un conjunto de estrategias terapéuticas, no farmacológicas, destinadas a reestablecer, rehabilitar y frenar el proceso de deterioro cognitivo, en especial, el proceso evolutivo de las demencias.

Psicomotricidad
Es un conjunto de técnicas cuyo objetivo es el desarrollo y/o estimulación tanto de las funciones físicas como psíquicas. Centra su interés en el movimiento.

Razonamiento
Es el proceso mental mediante el cual se extraen conclusiones a partir de ciertas premisas. Es una facultad del ser humano por medio de la cual, ante situaciones, circunstancias, problemas reales o imaginarios, es capaz de proponer resultados, aplicando conocimientos previos.

Reforzamiento negativo
Consiste en la desaparición o no presentación de un estímulo o consecuencia desagradable cuando se ejecuta una determinada conducta. Al eliminar esta consecuencia desagradable se produce una sensación placentera.

Reforzamiento positivo
Tiene lugar cuando se asocia una conducta a una consecuencia y, al presentarse esta, la conducta aumenta o se mantiene. En este caso, se trata de una consecuencia agradable que se obtiene tras la realización de una conducta.

Refuerzo intermitente
Consiste en reforzar la conducta de vez en cuando, como sucede en la vida real. Se emplea cuando la conducta ya está aprendida.

Seriación
Consiste en ordenar una serie de elementos según una categoría siguiendo una secuenciación específica (de mayor a menor, series que se repiten, etc.).

Talleres de memoria
Son un instrumento que, mediante la práctica de unas actividades mentales científicamente estudiadas, permiten al participante agilizar los procesos cerebrales que facilitan el recuerdo y la cognición.

Terapia de reminiscencia
Consiste en la discusión de actividades, hechos o experiencias pasadas con otra persona o grupo de personas, utilizando para ello fotografías, objetos de la vida diaria, periódicos u otros elementos familiares del pasado, grabaciones, sonidos, etc.

Bibliografía

Monografías

→ BARENYS Pérez, M. P.: *Análisis sociológico de las residencias de ancianos.* Barcelona: Fundación la Caixa, 1991.

> Este estudio pretende mostrar cómo en el caso de las personas ancianas que se encuentran en residencias de tercera edad, el estado de salud que disfrutan o sufren resulta ser un elemento determinante en el bienestar, autoestima y estilo de vida de las mismas.

→ CHACÓN, F. y LÓPEZ-CABANAS, M.: *Intervención psicosocial y servicios sociales. Un enfoque participativo.* Madrid: Síntesis, 2001.

> Los capítulos de este manual enmarcan claramente la intervención psicosocial en el contexto de los servicios sociales, repasando el desarrollo histórico de la creación del sistema actual de servicios sociales y apuntalando, entre otros, los conceptos de necesidad, problema social, bienestar social y calidad de vida, entre otros.

→ CHOQUE, S. y CHOQUE, J.: *Actividades de animación para la tercera edad.* Barcelona: Paidotribo, 2005.

> Este libro presenta una serie de propuestas concretas e innovadoras que permiten responder a las necesidades fundamentales del mantenimiento de la autonomía motora, afectiva, cognitiva y social de las personas de la tercera edad.

→ DÍAZ Conde, M. P. y LÓPEZ Doblas, J.: *Aspectos sociológicos del envejecimiento.* Madrid: Portal Mayores, 2007.

> Esta publicación proporciona nociones sociológicas básicas que ayudan a reflexionar sobre el envejecimiento en clave positiva, aportando además conocimiento sobre indicadores sociales relacionados con el envejecimiento y la situación actual de las personas mayores en España.

→ DUARTE Bravo, J.: *Estimulación cognitiva en la tercera edad.* Madrid: Magister en Gerontología Social, 2008.

> A lo largo de esta obra se plantea la importancia de la psicoestimulación cognitiva en personas adultas mayores, así como la necesidad de hacer uso de intervenciones no farmacológicas en la población longeva.

→ LETURIA Arrazola, F. J.: *La valoración de las personas mayores: Evaluar para conocer, conocer para intervenir.* [s.l.]: Cáritas, 2001.

> Esta publicación constituye un modelo de valoración basado en los enfoques psicosocial y sociosanitario, abarcando desde la propia metodología de evaluación, sistemas, métodos e instrumentos en cada una de las áreas principales: funciones cognitivas, psicoafectivas, salud, funcionamiento y apoyo social, la familia y sus necesidades, calidad de vida, aspectos éticos y valores de los mayores, etc.

→ MAROTO Serrano, M. A.: *La memoria. Programa de estimulación y mantenimiento cognitivo.* Madrid: Instituto de Salud Pública, 2005.

> Programa formativo sobre la edad como factor a tener en cuenta en los fallos de memoria, así como la influencia de otra serie de variables personales y ambientales que también tienen un importante peso al respecto.

→ ORANTES, R.: *Animación sociocultural práctica en el anciano.* Jaén: Formación Alcalá, 2007.

> Manual formativo en el que se recogen aspectos como el concepto de vejez, aproximaciones a la tercera edad, manifestaciones físicas, psíquicas y sociales del envejecimiento, problemática a la que se enfrentan las personas mayores o los orígenes de la Animación Sociocultural.

→ PERLADO, F.: *Teoría y práctica de la Geriatría.* Madrid: Ediciones Díaz de Santos, 1995.

> En esta obra se analizan las claves para la comprensión de un tema complejo, aportando la visión integradora de numerosos aspectos teóricos y prácticos de interés no solo para médicos, sino también para gestores de la sanidad y responsables de la política social.

→ TRILLA, J.: *Animación sociocultural: teorías, programas y ámbitos.* Barcelona: Ariel, 1997.

> Esta publicación se ocupa, entre otros aspectos, de la teoría y la historia, programas métodos y técnicas, grupos de la sociedad y diferentes campos donde se ubica la animación sociocultural.

Textos electrónicos, bases de datos y programas informáticos

→ Discapnet, de: <http://www.salud.discapnet.es>.

> Portal web de la organización Discapnet, en este se recogen guías y artículos sobre la salud, riesgos psicosociales, características de las enfermedades relacionadas con la discapacidad, etc.

→ Servicio Andaluz de Salud, de:
<http://www.juntadeandalucia.es/servicioandaluzdesalud>.

> Página web de la consejería de salud de la Junta de Andalucía, en la que se publican noticias y artículos relacionados con este campo.

→ SAAD, Sistema para la Autonomía y Atención a la Dependencia, de:
<http://www.imserso.es/dependencia_01/saad/index.htm>.

> Portal de internet del Sistema para la Autonomía y Atención de la dependencia, en el que se recoge información para personas dependientes.